超プロの
工程管理コンサルタントが
教える
残業ゼロ社員の
「やらない力」

小川哲也
株式会社川越コンサルタント
代表取締役

合同フォレスト

まえがきにかえて

ダメな上司が「残業」を作る

上司が上から降りてきた指示を淡々と伝え、部下たちは黙ってそれを聞きながら、具体的なアクションプランがないまま会議が終わる……。

「何のための時間だったんだろう？」という徒労感……。

こんな経験が、あなたにも一度ならずあるのではないでしょうか？

日本の会議のほとんどが、このような現状で、私に言わせれば、これは会議ではなく「ただの報告会」です。社員にとって、「やらされている感」満載の、ほとんどムダな時間。未だにこうした旧態依然の会議をやっている上司は、即刻、交替してもらいたいとさえ思ってしまいます。

海外の会議はもっと洗練されています。Apple社、Facebook社、Google社など超有名なグローバル企業が集まっているシリコンバレーでは、企業の意思決定のスピードが世界一速いといわれています。

会議の持ち方につぎのような秘訣があるとされています。

①会議の「目的」を明確に設定して、参加者と深く共有する。

②プロセスを「議論」と「意思決定」に絞って明確にしている。

③タイムテーブルを事前に共有している。

④終了時間を明確にし、リーダーが進行の時間管理をする。

⑤参加人数を4～7人までにする。

⑥目的が果たせたら、その時点で終える。

⑦時には会議室以外の場所で会議をする。

⑧最後の10分間でアクションプランを決める。

本書は、会議の持ち方の指南書ではありませんので、細かい内容は割愛しますが、上記の8つの秘訣を徹底している日本の企業は、私の知る限りほとんどありません。

もちろん、例外もあります。

東京ディズニーランドの運営会社（オリエンタルランド）の会議は特徴的で、社員は事前に上司に聞きたいことをまとめ、メールで送ります。実際の会議では、上司が部下に回答し、質疑応答だけで終了します。双方があらかじめ準備をし、「明確な目的」を持って会議の場に臨むのです。

目的が明確だと、議論の道筋やストーリーがぶれていくことがありません。余計な論点が生じることなく、ムダが排除されますから、時間は圧倒的に少なく済みます。日本の会議が最低でも1時間はかかるのに対して、オリエンタルランドでは30分程度で終わります。

会議の時間が長いこと自体がマイナスですが、さらに問題なのが、本来の仕事を圧迫し、結果的に残業を引き起こしてしまうことです。自分にとって「意味がない」と感じる時間を持つことを強いられた上に、夜遅くまで残って「やらされ仕事＝残業」を命じられるのでは、仕事のモチベーションが上がるわけもありません。

日本では、会議に参加する人のほとんどが、「こんな時間はとっとと終わらせて自分の仕事をしたい」「この1時間は休憩時間」などと考えています。

日本の会議の時間は、あなたの仕事の足を引っ張っているのです。

どの会社でも会議が付きものですから例に出しましたが、会議の問題は「ムダな労力を使って、何も生み出さない時間がいかに多いか」ということの例えです。

もしかしたら、誰のためにもならない時間が、あなたの会社の業務の中にもふんだんに含まれていて、あなた自身が「ムダな時間が生じるスパイラル」にはまりこんでしまっているかもしれません。

この本では、あなたにとっての「ムダな時間」を徹底的になくし、日常の仕事の生産性を上げるメソッドを紹介していますが、「仕事だけにとどまらず、あなた自身の『人生の生産性』を上げる」ことを願って書きました。

このメソッドを有効に活用していくだけで、今日からあなたの会社も大きく変わっていきます。

それをこれから、順を追って説明していきましょう。

株式会社川越コンサルタント代表取締役　小川哲也

もくじ

第1章 国や業界主導の「働き方改革」など絵に描いた餅！

第2章 目指すのは残業ゼロ？ いえ、もっと先にある幸福です！

第3章　小川式工程管理メソッドは「人生を幸せにする変革プログラム」

第4章　今こそ、あなたの目標&願望を叶えるとき！

第5章 目標に到達する人になるための「3つのシート」

第6章 小川式「工程管理変革プログラム」の実践例

第7章　自分の名前が刻まれた橋を残そう

第1章

国や業界主導の「働き方改革」など絵に描いた餅！

あなたの運命を変える「工程管理変革プログラム」

私は工程管理コンサルタントとして、これまでに25年間、企業の工程管理をコンサルティングし、トータル110件の大型プロジェクトを推進してきました。

私は、47歳のとき、自分の人生を大きく変えることになった、ある経験をしています。

それまで、お世辞にも技術者としての点数が高くなかった、いやむしろ低かったといってもいい私が、わずか半年の間に一気に12件の工事案件のプロジェクトを受注し、3億円という破格の売上を達成することができました。

それまでは仕事も嫌いだし、面白くない。残業は多いし、やってもやっても自分の成果は低いまま、モチベーションも一向に上がらない……。家に帰れば女房から「帰りが遅い」と文句を言われる……。

そんな毎日を送っていた私が、一気にそれだけの受注を勝ち取り、従来の10倍以上となる3億円を、わずか半年で売り上げたのです。

それは、私が独自に編み出した「工程管理変革プログラム」を実践することによってでした。「工程管理変革プログラム」の内容は後ほど詳しく紹介しますが、このメソッドを導入することで、あなたの会社やスタッフは、大きく変わります。

①効率的な時間の使い方ができるようになる

②自分で効率化を考えるようになる

③残業が減る、生産性が上がる、利益が出る

↓そして、あなた自身の人生の目標・願望が叶うことになる！

これまでの日本企業は、高度経済成長やその後のバブル経済の影響で長時間労働こそが美徳であり、成果の出る経営手法だと考えられてきました。

「稼ぐためには残業をして当たり前」「定時に帰るのは、やる気がない証拠」「定時まではお客さまのための仕事、定時からが自分の仕事」

このような考え方がまかり通っていたのです。しかし、２０１８年7月4日に「働き方改革法案」が公布されてから、「残業を減らすこと」が企業経営にとっての重要なテーマになりました。

また、「ブラック企業」という言葉が一般化したように、長時間労働を強要する会社はそれだけで、世間からネガティブなイメージを植え付けられますし、一度そう噂されてしまった会社には、新卒大学生や中途採用希望者は寄りつかなくなってしまいます。

国の方針や世間の風潮からも、企業は「ホワイト化」を目指さなければいけない時代になったのです。

「ホワイト化」というのは、「効率的な時間の使い方ができるようになる」「自分で効率化を考えるようになる」「残業が減る、生産性が上がる、利益が出る」、ひいては「自身の人生の目標・願望が叶う」ということなのです。

とはいえ、いきなり「効率化を図れ！」「残業をゼロにしろ！」と言われたところで、そう簡単にできるわけがありません。無理やり残業をゼロにして、その結果、売上が大幅に下がってしまっては本末転倒です。

社員の長時間労働を避けつつ、かつ生産性を落とさず、今までと同じ、いえ、それ以上の業績を上げないといけない……。

現代の経営者は、こんな相反する命題を与えられているのです。

私は27歳で土木建設コンサルタント会社に入社し、建設コンサルタントの世界に足を踏み入れ、独学でイメージトレーニングとマーケティングを学びました。

25年間、土木建設業界で行ってきたコンサルティング内容をもとに、独自のメソッドとして体系化したのが小川式「工程管理変革プログラム」ですが、他の業種でも水平展開できるものです。

「工程管理変革プログラム」によって、徹底的に「あなた自身のホワイト化」を進めていただき、実践編として、長時間労働を止めても生産性が上がる「時間管理の方法」や「業務の見える化」「具体的な行動の中身」、またあなた自身や社員一人ひとりの「USP（強み）を見つけるための方法」を習得していただきたいと思っています。

「残業ゼロ」「業務効率化」も得られるもののひとつですが、もっと大きな、あなたの会社、さらにはあなた自身の目標必達・願望成就を成し遂げるための、あなた自身の「人生改革プログラム」なのです。

30代前半、私は毎月200時間残業していた

私はNHKの番組『プロジェクトX』が大好きでした。多くの〝漢〟たちがひとつの目標に向かい、昼夜を問わず、徹夜を厭わず、一丸となって、汗水垂らしながらその働く姿に感動しました。

しかし、いざ自分がそれと同じ立場に立ってみると、そこには残業無制限の徹夜地獄が待っていました。この残業地獄の経験は、私が自身のメソッドを見出す原点になった部分でもあり、ここから少し、私の若い頃のことについて記してみたいと思います。

30歳のとき、土木建設コンサルタント会社に勤めていた私は、毎月２００時間近い残業をしていました。通常の「法定労働時間」が月１８４時間ですから、実に1か月で2か月分以上働いていたことになります。

1年間で休みが取れたのは、12月31日と1月1日のたった2日間だけ。それは私だけでなく、20人ほどいた建設コンサルタントのほとんどが、このような労働環境でした。

特に、クライアントの決めた納期が3月に集中したため、年明けから3月はまでは休日出勤が当たり前。毎日、帰ってくるのは夜中の0時過ぎで、当時3歳だった子どもの寝顔しか見られない生活が続きました。

家に帰って寝られるのは、まだいいほうです。当時のクライアントは役所の地域開発計画課で、役所では毎日、打ち合わせが膨大にありました。

また、私の上司は指示を出すのがとても遅く、「小川くん、明日までにこれやっといて」と打ち合わせ前日に命令するのです。打ち合わせの前は家に帰れず、会社に泊まり込むのも当たり前。当然、そんな日は徹夜を強要され、朝日が昇るまでに20～30ページの資料を作らなければなりませんでした。

当時の職場は渋谷にあり、自宅は大宮ですから、帰るのもしんどくなります。床に段ボールを敷いて寝泊まりすることもしょっちゅうでした。

さすがに家に帰りたいと思いましたが、終電はとっくに終わっていますから、タクシー代の1万円を自腹で切ることもしばしば。ビジネスホテルやカプセルホテルに泊まることも日常茶飯事という日々だったのです。

クライアントは役所ですが、金曜の夜に資料の素材を渡されて「月曜の朝までに出してほしい」なんて言われるのは当たり前です。

「このタイミングで言われて、いつやるの！」と文句を言いたいのですが、何か言ってしまうと次の受注に響くのでは？　という思いが芽生えて言えませんでした。今考えると、責任感だけで仕事をしていたように思います。

間違っていた私の残業モチベーション

それだけがんばってしまったのは、ある同期入社の社員の存在がありました。いわゆるライバルでしたが、実際には相手のほうが実力も上で、仕事も早いし、営業成績も上位です。そんな相手に対して、私はきっと劣等感を感じていたのではないかと思います。

少しひねくれたモチベーションではありましたが、「なんとか彼を超えてやろう」という思いが強くありました。

建設コンサルタントの会社には、前職をリストラされた後に入ったので、私は半ば投げやりで、彼とは仕事への熱量も違っていました。当然、上司からの評価も彼のほうが上ですから、そうした思いが劣等感になって積み重なっていたのだと思います。

ただ、劣等感を仕事の量で埋めないといけないとの思いで、日々の残業を苦しいながらも続ける……という状況でした。毎日がそんな激務の連続だったのですが、10年ほどは続いたでしょうか。今思えば、我ながらそこまでよくやったと思いますが、やがて血尿が出るほどになりました。

驚いて病院に検査に行くと、過労とストレスが原因という診断でした。

そのときは、病気かも？　という不安より、病院に行くために「仕事を休めるのが何よりもうれしい」という気持ちが大きかったことを今も覚えています。

その頃には、従来抱いていたライバルへの劣等感はすでに消えていました。代わりに芽生えていたのが絶望感です。こんな労働環境や生活を続けていたのでは先はない。当たり前ですが、そんな思いが日に日に頭をもたげてきたのです。

ちょうどその頃に管理職になったこともあって、以前ほど残業で縛られることはなくなり、自分の今後や人生について少しは落ち着いて考えられるようにもなっていました。

やがて、私は「自分や部下が残業しなくて済むようになるには、どうすればいいか？」と真剣に考えるようになったのです。

残業の多い会社で働きたい社員は1人もいない

外が暗くなってくれば、早く仕事を終えて次の楽しみに向かうか、家に帰って家族の笑顔を見たいはずです。

「24時間働けますか？」が合言葉だった、経済成長を期待していた昭和の時代なら、残業が当たり前だと受け入れられていましたが、日本経済が低成長に入った現代では、働き方は全面的に見直さなければならなくなっています。

まずは部下が抱える業務の内容を整理し、ムダな作業や効率の悪い業務など、仕事の現状を細かく把握して、部下が仕事を抱え込みすぎていないか、1人で業務を持ち込みすぎていないか確認する必要があります。仕事の配分が間違っていて、明らかにキャパシティを超えているケースも少なくありません。一人ひとりの仕事を仕分けしていくことが重要になっています。

複数の上司や先輩から仕事を頼まれ、気づいたら1人ではこなせない量になってしまっていた。かといって頼む相手もいないため、仕方がなく残業している……という状況に陥ってしまう人もいます。

残業が生じる理由は職場によってさまざまで、経営者や上司の性格や思想によっても左右されます。適切な業務量かどうか、周りに相談する人やヘルプを頼める人がいるのかどうかも、職場の中で確認することが必要なのです。

その状況を阻害しているのはいったい何なのか。経験豊富な上司の目でしっかりと見極め、正しい働き方へと促していくことが大切です。

「そんなことはわかっているよ！」

「それが実際にできないから、苦労しているんじゃないか！」

そんな経営者やマネジャーの方の声が聞こえてきそうです。

会社の表面的な仕組みや制度を変えて表面上の「残業ゼロ」を実現しても、何のメリットも生まれません。結果的に家に仕事を持ち帰る人が出てきたり、特定の誰かに仕事が集中してしまうといった弊害が必ず出てきます。

なぜ「残業」は面白くないのか？

残業なんてしたくない。残業なんて楽しくない。残業はやる気が出ない――なぜそんなふうに感じるのでしょうか。

それは残業が「やらされている仕事」だからです。

「仕事が終わらないから帰れない」

「自分の時間が減ってしまう」

「ほかにやりたいことがあるのに、それができなくなるから楽しくない」

つまり、自分がやりたくないことをやらされる、本来やりたいことに使うべき貴重な時間をどんどん奪われてしまう……という点に、大きなストレスを感じるのです。

実はこのネガティブな気持ちは、裏を返せば、すごく大切な意味を持つ言葉に置き換えられます。

「もしも、自分がやりたいことを実現するための仕事が『残業』にあたるのなら、それはすごくモチベーションの上がる時間になる」

ということです。これは、社員にモチベーションの高い仕事を提供するために、経営者が深く考えなければならない言葉だと私は思います。

本来の「残業ゼロ」とは、突き詰めると「社員の『やらされ仕事』をゼロにする」ことだと私は考えています。

自分にとって非生産的と感じる仕事はゼロにして、代わりに本来自分がやるべき仕事や、人生の目標に向かうためにやらなければならないことにその時間を使うべき。

それを重要なコンセプトとして念頭に置くからこそ、私の「工程管理変革プログラム」は「自己変革プログラム」として、自分の人生の目標実現につなげることができるのです。

国や業界主導の残業ゼロ施策は机上の空論！

本来の「残業ゼロ」を目指す上で重要であるはずのこうしたコンセプトがまったく頭にない中で、２０１９年4月に国は労働基準法を改正し、残業の削減をはじめとした「働き方改革」に乗り出しました。

その結果、「残業ゼロ」に従わない企業は実名を公表されるという、土木建設業界にとっても厳しい時代に突入しています。私に言わせれば、こうした働き方改革に伴うさまざまな通達や施策は、うわべだけを取り繕った、机上の空論にほかなりません。

国の働き方改革を知ったある中小企業の社員は、残業を控えるように会社から言われて、こんなふうに考えたと言います。

「残業をするなと言われても、時間内に業務をすべて終わらせることなんて無理。もちろん残業なんてしたくないけど、時間が足りなくなって終わらなくなった仕事はどうするんですか？　家に持ち帰ってやれというのですか？　そんなの仕事の量は変わらず効率も悪くなって、もらえていた残業代も減っちゃう。私も含めて、間違いなくみんな辞めていきます」

国からの厳しい指導は土木建設業界のみならず、中小・中堅を含む日本のあらゆる企業に行き渡りつつあり、多くの経営者が「社員を時間外に残せなくなった」と嘆いています。つまり、国は働き方改革を推し進めてはいるものの、企業のトップはもちろん、社員自身の意識や考え方が変わらなければ何も変わりません。むしろ新たな弊害を生んで企業や組織の生産性は下がり、誰一人として幸せにはなれないのです。

残業が月45時間を超えると「ブラック企業」

2019年4月の労働基準法の改正で、残業時間の上限が原則月45時間・年360時間に変わりました。1か月の所定労働日数は約20日ですから、1日当たりの上限は約2時間程度です。

ちなみに社員に1日8時間の法定労働時間を超えて仕事をしてもらうには、会社と従業員で「36（サブロク）協定」と呼ばれる時間外労働協定を結ぶ必要があります。

例えば、その企業が「ブラック」か否かを判断するには、「45時間」という数字がひとつのカギとなります。

45時間は月の残業時間の上限です。

基本的に、1か月45時間（3か月を超える1年単位の変形労働時間制の対象者は42時間）の残業が上限です。会社はこの時間を超えて残業させることはできません。そのため、恒常的に1か月に45時間以上の残業をさせている企業はブラックといわれても仕方がありません。

ちなみに、決算間近の繁忙期など、月に45時間以上の残業をしないと仕事が終わらないケースもあります。そうしたケースに対応するため、36協定に「特別条項」という残業時間の例外を設けることができる仕組みがあるのです。

つまり、協定を締結していない場合、そもそも残業をさせていること自体が違法行為となってしまうわけで、社会的にも残業をすることに対して非常に厳しい目が注がれるようになっているわけです。

メンタル労災の請求件数は15年で30倍超に！

もう少し「残業」を取り巻く近年の状況について書いてみましょう。

1998年度に、42件（うち自殺29件）だった精神障害に関する労災請求は、2013年度には1409件（うち自殺177件）となり、15年間で30倍以上に増加したことが、厚生労働省による統計で報告されています。

こうした悲劇は、日本の労働者を取り巻く環境の悪化を表していて、2019年に働き方改革が実施された要因のひとつと考えられます。

そして、2019年4月から順次施行されている「働き方改革関連法案」に関する法改正で、「有給休暇の取得義務化」「同一労働同一賃金の導入」と並んで大きな焦点となったのが「時間外労働の上限規制の導入」（図1）です。

これまで時間外労働の上限は法律で定められておらず、罰則もなかったため、企業は労働者に無制限で残業させることが可能でした。しかし今後は、先述した残業時間の上限を超えると、企業（経営者）は6か月以下の懲役または30万円以下の罰金を科せられます。

図１　働き方改革関連法　時間外労働の上限規制

見直しの概要（残業時間の上限規制）

残業時間の上限を法律で規制することは、70年前（1947年）に制定された「労働基準法」において、初めての大改革となります。

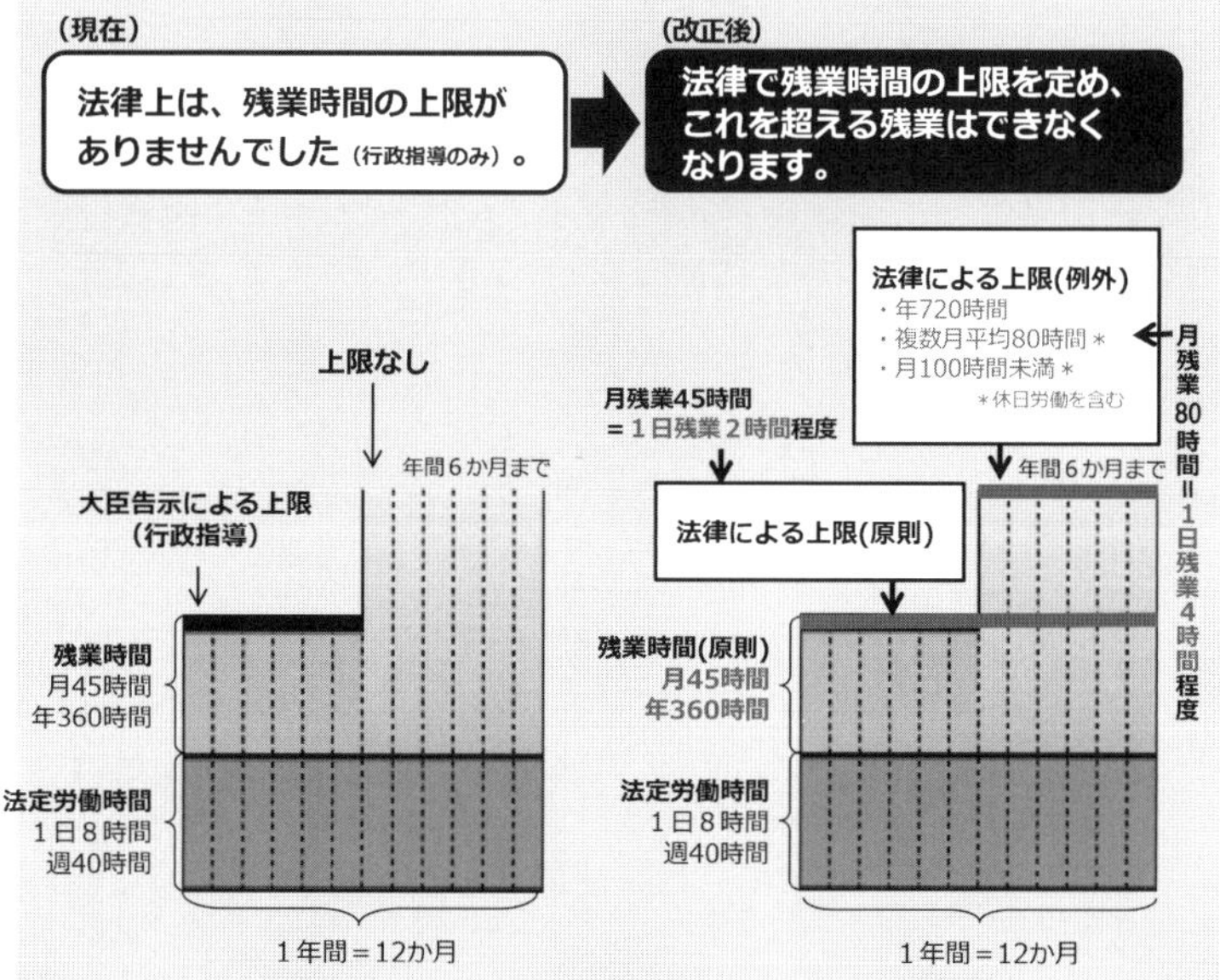

◎残業時間の上限は、**原則として月４５時間・年３６０時間**とし、臨時的な特別の事情がなければこれを超えることはできません。
（月４５時間は、**１日当たり２時間程度**の残業に相当します。）

◎**臨時的な特別の事情**があって労使が合意する場合でも、
・**年７２０時間**以内
・**複数月平均８０時間**以内（休日労働を含む）
・**月１００時間**未満（休日労働を含む）
を超えることはできません。

（月８０時間は、**１日当たり４時間程度**の残業に相当します。）

また、原則である月４５時間を超えることができるのは、**年間６か月まで**です。

（出典）厚生労働省資料

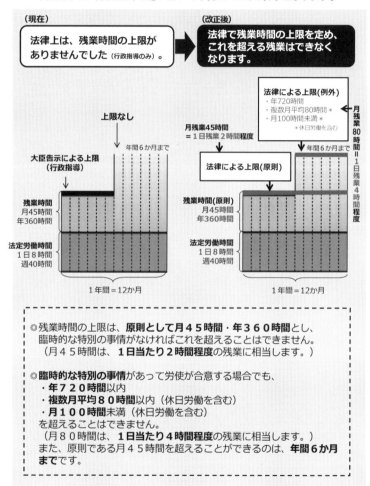

それればかりか、悪質の度合いによっては厚生労働省から企業名を公表されてしまいます。いつまで経っても残業ばかりさせている会社は存続させる必要がない……という厚労省からの通達でさえあるようにも思えるのです。

企業のコンプライアンスが厳しい昨今、そのようなことになれば、ビジネスの取引などに影響するのは必至でしょう。労働基準法を守ることは、もはや会社や事業の継続に欠かせない必須の要件になったといえます。

日本人はオランダ人から働き方を学ぶべき!?

日本の労働環境は、かねがね海外の企業風土とよく比較されてきました。

外国人が日本のビジネスマン（サラリーマン）に抱くイメージに「猛烈に働く社員」というものがあることは、多くの人が知るところでしょう。

日本の会社の昼休みは通常1時間ですが、ヨーロッパでは2時間が当たり前です。

フランスの場合は、昼休みには食事とおしゃべりでたっぷり休憩したり、ジョギングをして、シャワーを浴びたりすることもあります。

スペインでは、昼休みに家に戻って食事をした後に「シエスタ」という昼寝の時間をとります。

CNNが発表した先進国の労働時間平均で、最も短かったのがオランダで29時間（1週間当たり）、2位はデンマークとノルウェーの33時間。3位はアイルランドの34時間、4位はドイツの35時間と続きます。つまり、オランダ人は1日5・8時間（週休2日として）、ドイツでも7時間しか働いていないことになります。

一方、日本人はどうでしょうか？ OECD（経済協力開発機構）によると、男性の1日当たりの平均労働時間は、日本人が世界第1位（男性9時間55分、女性8時間32分）です。さらに大手転職サイト「Vorkers」の調べでは、日本人は月平均47時間も残業をしているそうです。

こんなに働いていても、日本の生産性は主要先進7か国（G7）の中でダントツに悪く、公益財団法人日本生産性本部の発表によると、アメリカの3分の2ほどしかないのです。

無用な会議、報告のための報告会、誰も読まない書類を作り続ける毎日……つまり、生産性のない仕事に時間をとられ、実際にやるべき仕事をできていないのが今の日本の状況なのです。会議に出たり、報告したり、書類を作ったりしていると「仕事をしたつもり」になります。

しかし、実はほとんど何も生産していません。結局、日本人は長時間労働をするしかなくなるのです。家庭を犠牲にし、子どもの教育を学校任せにし、日曜も接待ゴルフで時間を浪費し、仕事第一主義の考え方のもとに、世界一残業をしている国――それがニッポンなのです。

「土木建設業界の残業ゼロ」は待ったなし！

工程管理コンサルタントである私のクライアントは、いわゆる建設コンサルティング企業の方々で道路や橋梁など、河川の公共工事を設計するのが役割で、そこには測量業務の人たちも含まれます。設計代行というべき業務を担い、役所の人たちの代わりに、技術者が工事の設計を行います。

役所の人は、例えば道路や建物などの公共物を造るための予算を確保し、その設計業務を民間に発注します。その際、仕様書を一般公開して業者を募り、多くの場合、電子入札で技術内容や見積もり金額などを評価したうえで、設計を請け負う業者を決定し、業務を発注します。

受注した建設コンサルタントは、仕様書に準じて設計を行い、施工のための図面を作ります。そして、建設コンサルタントが設計した図面をもとに、土木設計会社が工事を進め、作業が完了していくわけです。

そのときに建設コンサルタントは、自治体から仕事を取りたくても、抱える業務のキャパシティがいっぱいであれば仕事を取りたくても取れない……つまり、コンペや入札に参加できないことになります。

ですから、建設コンサルタントが自社の生産性の向上を図り、仕事をこなせる業務キャパを増やしていけば、そうした入札に参加できる機会が増えるのです。

同時に、仕事の質を向上させて案件の受注率を上げていけば、売上も自動的に増えるわけです。

活況が続く!? 「2020」以降の土木建設工事

数年前から、東京都内の工事案件は大きく増加していました。いうまでもなく、2020年夏の東京オリンピック・パラリンピックに関する施設建設工事によるものでした。そして、今後の建設投資は、東京五輪の後も急激には減少しないと予測されたうえに、そもそも、昭和時代に建てられたさまざまな公共物が老朽化し、インフラの更新や維持管理といった建設需要が生じ、２０２０年以降も50兆円規模で推移すると試算されているのです。

では、土木建設業界は不況知らずの右肩上がり!?　いえいえ、そんな能天気な状況では決してありません。日本の、特に若年層の労働力は決定的に不足しており、この業界はその流れが顕著です。このまま労働力の供給が減少していくと、工事に必要なインフラの整備を維持できなくなる懸念があるのです。

このような状況下、早急に土木建設業界がすべきことは、限られた労働力で最大の収益を上げる、生産性の向上にほかなりません。まさに「働き方」について見直しを迫られており、社員一人ひとりのスキルや能力の向上、何よりも、持てる力をフルに発揮していくノウハウとマインドの構築が絶対に必要なのです。

今、業界ではさまざまな働き方改革を推奨して、現場に提示しています。けれど私に言わせれば、そのほとんどが〝絵に描いた餅〟に過ぎません。

私たちの現場にとっては、とても使えないシロモノばかりなのです。

掛け声だけの建設コンサルタント業界の働き方改革

ではここで、今回の働き方改革に伴って示された、建設コンサルタント業界における改革案の中身を見てみましょう。

2019年4月1日に施行された「働き方改革関連法」の中でも、改正労働基準法の残業時間の上限規制に対して、建設コンサルタント業界の働き方改革も待ったなしの状態となっているのは確かです。

建設コンサルタント業界では、すでに2016年から、担い手の確保とその定着に向けたWLB（ワーク・ライフ・バランス）の取り組みが始まっていました。

さらに2017年には働き方改革に本腰を入れ、長時間労働の改善やWLBの確保、ダイバーシティの推進といった動きを活発化させています。

つまり、協会（(一社）建設コンサルタンツ協会）では働き方改革という大義名分のもとで、国の対策の大きな流れを受けて、働き方にメスを入れるべく、いくつかの啓蒙をすでに行っていたわけです。

現在は「協会会員一斉ノー残業デー」の実施や、若手技術者の会による情報交換や業界の活性化、働き方改革推進特別本部による業界内への水平展開などに取り組んでいます。

一方でこの間に、各プロジェクトの主な発注者側である、国や自治体の対応も変化を見せてきました。

長時間労働を是正するという空気感の中で、納期の平準化や、設計業務などにおける受発注者協働による双方の労働環境改善、BIM／CIM（ビルディング・インフォメーションモデル／コンストラクション・インフォメーションモデル）の推進による生産性向上など、働き方改革の取り組みを推奨し、受注者側である建設コンサルタントとともに、労働環境の改善に取り組む姿勢を見せています。

ただ、そうやって残業時間削減を目指す一方で、「働きたい人まで制限していいのか」「時間をかけないと良い成果は出ない」「残業代で収入を保っているので困る」といった現場の意見が今もって少なくないのも実態です。

多くのプレーヤーたちが、長時間労働が肉体および精神の健康に悪い影響を与えること、家族や地域とのつながりを希薄にすること。さらには適切な休養、つまり、睡眠が脳の集中力を高め、発想力や生産力の向上につながることで良い仕事が実現できること……などを認識しながらも、それができない実態に頭を悩ませているわけです。

当たり前のことですが、長時間労働を改善し、社員一人ひとりがやりがいを感じ、熱意を持って仕事ができることが、業務の品質向上につながります。それによって、会社や業界の魅力が向上し、技術の担い手の確保や育成が進んでいくことになるのです。

そんなことは、誰もが頭できちんとわかっているのにそれができない。未だに残業を繰り返し、当の社員も疲弊しながら現場で生産性の上がらない仕事を続けています。

「残業が減ったら、残業代がなくなって生活に困る」という従業員や、「人なんて増やせないし、募集しても簡単に集まらないのだから、今いる社員に目いっぱい残業してもらうしかない」と考える経営者がほとんどで、厚生労働省や国土交通省が示すような、単なるお題目の働き方改革など、私たちの現場に何のメリットも与えてくれません。

変えたくても変えられない現実があるのに、そこに「お上」から無理難題ばかり押しつけられても、現場はストレスがたまるばかり。お上からの通達と毎日の現場との狭間に立って「現場を見たこともない役人に、何がわかる！」と腹を立てる建設コンサルタントがごまんといます。

残業の温床ができやすい建設コンサルタント業界

工事の現場で施工を担当する人たちは、朝は8時半から仕事を始め、夕方5時にはきっちりと仕事を終えてしまいます。施工の現場の社員に対する国の補助は多く、安全管理への自治体の目も厳しいですから、労務管理もきちんとせざるを得ません。

事故は絶対に許されず、労働時間の多さはリスクに直結しますから、発注者側の監視の目もおのずと厳しくなります。現場は、比較的労務管理がきちんとなされ、朝は早いものの夕方は5時に上がることができ、休憩時間もしっかりと確保されているのです。

ところが、建設コンサルタントの業界はそうした監視の目が緩く、残業の温床になりやすいのです。

最近では以前のように、自宅に仕事を持ち帰ることも難しくなっています。社外へのデータの持ち出しを禁じる企業が増えているためです。

定時を過ぎて仕事を残すことは、あなたに会社員を辞めろと言っているのと同じ。無能の烙印を押されてしまっているようなものなのです。

発注者側である役所も、残業をできるだけ減らしたいわけです。彼らの親でもある経済産業省の目が光っており、残業を減らすことができない業界や自治体は大きなプレッシャーをかけられています。

皮肉にも、昔から一番残業をしていたのは彼ら霞が関の公務員なのに、です。夜の12時を過ぎているのに、省庁ビルの前にタクシーがずらりと並んだり、緊急避難用の部屋に寝泊まりして仕事するのは日常茶飯事でした。本当はそこからメスを入れるべきだと私は思うのですが……。

建設コンサルタント各社のクライアントは、こうした役所の面々です。

ですから役所も、仕事を発注する先の会社がどのような労務管理をしているかは、かなり気にしているのです。

例えば、発注先の企業の社員が過重な残業を労働基準監督署などに訴え出たら、それこそ発注取り消しなどの実力行使に及ぶかもしれません。その会社は、役所や自治体から徹底マークされてしまい、その評価は地に落ちてしまいます。「ブラック」のレッテルを貼られて、次の仕事が受注できなくなるわけです。

そうした恐怖に苛まれる時代ですから、残業を減らして労働生産性を高めることは、もう不可欠の対応です。

若手育成＆提案営業は業界にとっての共通課題

今、土木建設業界自体、若手の人材が大きく不足しています。

図２　建設コンサルタント職員の年齢構成

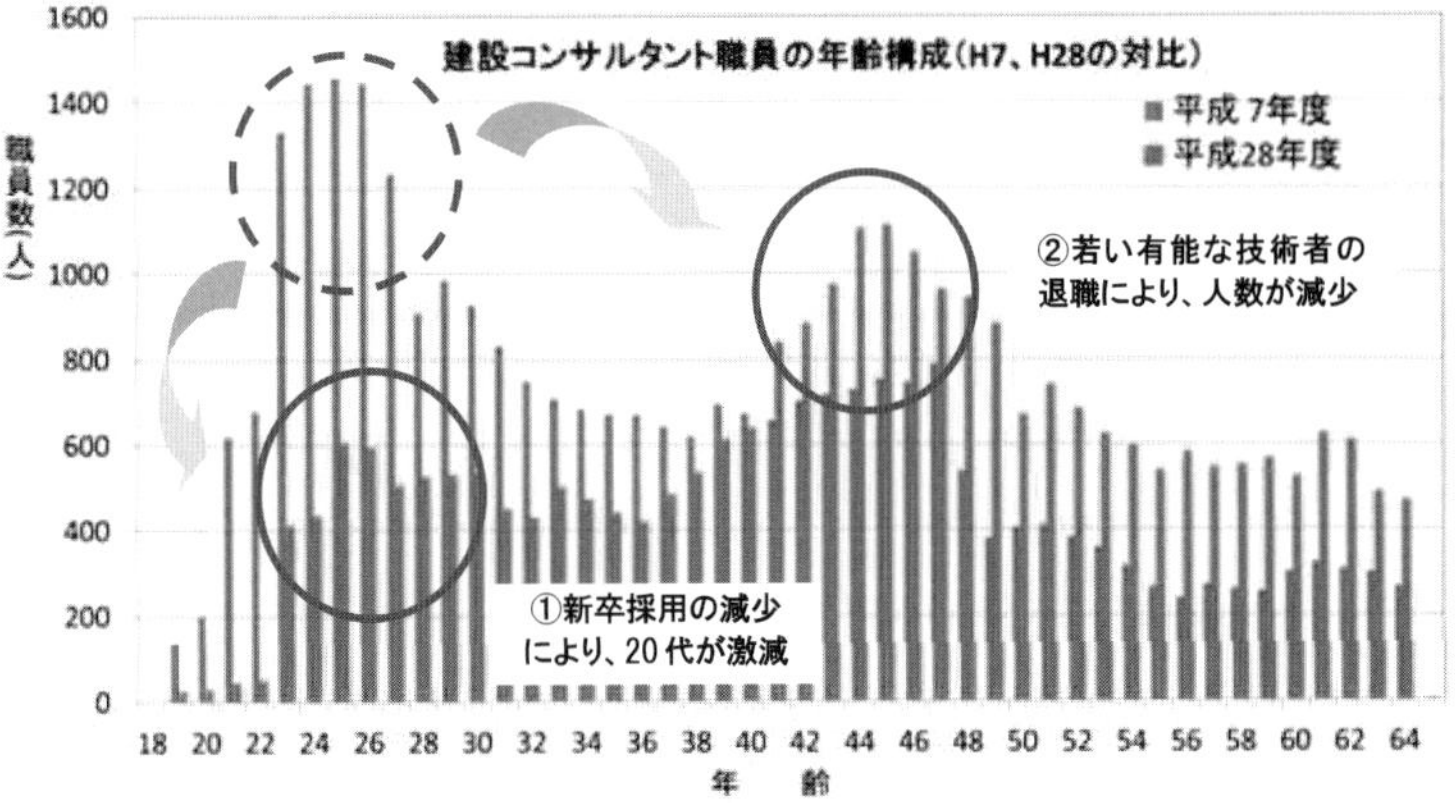

（出典）「建設コンサルタンツ企業年金基金資料」をもとに作成

「キツイ、汚い、危険」という、いわゆる３Ｋの職場というイメージで見られてしまい、この仕事を望む若手人材が減ってきました（図２）。

大学の学科の名称も、ちょっと地味でネガティブな響きがありませんか？　土木学科……あんまりオシャレではありません。

だから近年では、大学も学科名に工夫を凝らすようになりました。都市環境学科や、社会環境工学科、環境土木工学科、都市デザイン学科……など。

そうした状況であるからこそ、若手社員を採用することが会社に対する自治体の評価を高め、仕事も受注しやすくなるのです。そのため各社ともに、若手の人材がノドから手が出るほど欲しいわけです。

今の若者は「ブラック企業」という言葉に非常に敏感です。旧態依然と残業を野放しにしているような企業には決して振り向きません。

その半面、社員がやる気に満ちて、生産性の高い仕事をこなして活気のある職場は、若い人たちにとって魅力的に映ります。今こそ、そうした職場の環境づくりに、経営者やリーダーの皆さんは邁進すべきだと思います。

また、近年の大きな流れとして、自治体に対して「提案できないコンサルタントは必要ない」と考えられています。役所は、自分たちに魅力的な提案をもたらしてくれるコンサルタントを求めているのです。

彼らも合理化のもとで人の数を減らされていますから、一人ひとりにかかる業務量は以前より大幅に増えています。目先の仕事に追われる毎日で、個々の案件についてじっくりと考えている時間もなく、手をかけられません。「自分たちが楽になるように建設コンサルタントに提案してほしい」「プロジェクトの多くの部分を、コンサルタント任せにしたい」――そうした思いが年々強くなっているのです。

建設コンサルタントの側がそれを提供するには、やはり社内の生産性を上げることが必須です。コンサルタントが思考をめぐらす時間や、働き方、企画などを考える時間を増やして、仕事の質を上げなければなりません。

建設コンサルタントとしてのクオリティを上げなければ、業界で生き残れない。そんな時代に入っています。建設コンサルタントも、大きく変わっていくことが必要なのです。生産性を上げるために、プロジェクト・マネジメントをきちんと実施することが、強く求められています。

生産性の向上と工程管理、どこを見直すか

建設コンサルタントのクオリティとは、役所・自治体に技術面などを総合評価され、点数をつけられることで表されます。また業務が終わった後に、点数化されることも多々あります。そこで良い点が取れると、次の仕事が受注しやすくなるわけです。

民間からの受注であっても同様です。たとえ点数化されていなくても、技術力の高さは担当者が見ればすぐにわかりますから同じこと。仕事の質を評価されれば、次回の仕事は得られやすくなります。

ただ、ひと口に技術力といっても、実は各建設コンサルタントにとって、新しい設計の

方法やノウハウ・スキルは、言ってみれば「どんぐりの背比べ」で、ほかの会社やコンサルタントとそれほど違いが生じるわけではありません。

大事なのは、そうした差別化要素ではないのです。もっと根本的な建設コンサルタントとしてのベースになる工程管理。少し視点や意識を変えれば誰でも身につけられる、独自性の高いノウハウが必要なのです。

本当に評価を上げたいのであれば、本当の意味での生産性の向上を目指し、現在の工程管理を見直して、運用や実践レベルまで落とし込んでいかなくてはダメなのです。

その結果、会社が、変わるのです！

まずは自分たちから変わっていこう！

昨今の業界の厳しさについて書いてきましたが、その一方で、日本の建設コンサルタント業界は、実は守られているという側面があります。

建設コンサルタントにおいて海外企業の参入はまずありません。これまで海外企業への発注実績がないため、役所や自治体も新たな発注はしにくいのです。前例主義を重視するのが役所ですから、新たな業者、ましてや海外の企業や団体など使いにくいわけです。

半面、そうしたグローバルな競争がなかった業界だけに、今後慣例が破られると一気に海外との競争が加速するリスクをはらんでいます。建設コンサルタントの企業は危機感を持ち、環境の変化にも耐え得る生産性アップが必要ですし、現状の経営や仕事の仕組み、働き方を変えていくための大胆なチェンジが不可欠なのです。

建設コンサルタントなど土木建設業界の仕事は、人々の生命と財産を守り、安全・安心な社会の持続的発展に貢献する尊いものだという自負が私にはあります。真に豊かな社会の実現のために、まずは自分たちから変わらなければなりません。国が考える、食べられもしない〝絵に描いた餅〟に振り回されるのではなく、まずは自らの意識や行動を変えていくことが絶対に欠かせません。

意識を変えるには今日の行動が必要です。

仕事の生産性を上げるのは、国のためなんかではありません。国から言われたからやるものでもありません。あなた自身の幸せのために、あなたとその家族、さらには社員の幸福のために、実践するものなのです。

第2章

目指すのは残業ゼロ？
いえ、
もっと先にある幸福です！

働き方を変える。すると人生が変わる！

本書のテーマのひとつでもある「残業ゼロ」。それを実現するための私のメソッドには、とても大事な前提があります。


あなたが実現したい夢や目標は何ですか？

実現するとワクワクできると思う目標は何ですか？

そして、それを実現したいと思いませんか？


「残業ゼロ」――私のメソッドの中では、あくまでもひとつの結果であって、最終的な目標や目的ではありません。

「もし、あなたが魔法使いになれたとしたら、叶えたいことは何ですか？」

「不老不死のカラダを手に入れたい」といった絶対に不可能なことや、「好きなあの人を振り向かせたい」など、自分以外の人の心をコントロールしよう……なんて話は除いてください。

もう少し現実的な、あなたの人生の願望や目標——。その規模は、果てしなく大きくても構いません。質問の「答え」であるあなたの目標を、あなた自身の胸にしっかりと刻み込んでください。

並外れた技術力と富と自由を手に入れる方法

毎朝、仕事に行く前にやる気満々、自信満々で目を覚ましたいと思いませんか？　発注者から表彰され、ライバルの技術者や会社から尊敬される存在になりたいと思いませんか？　そして、あなたが愛する家族、愛する人たちと、今よりも多くの時間を過ごし、好きなときに好きなことをして暮らせるとしたら、どうですか？

どうすれば1人の技術者として、そうした願望を叶えられる存在になるでしょうか。

これから具体的にお話しする私の「工程管理改革プログラム」は、簡単に業務評定をアップさせ、発注者から称賛される技術者になる方法です。

その結果、あなたが並外れた技術力と、あなたが望む富や自由を手に入れることのできる方法です。

その第一歩は、「自分にとっての目標を決める」ことです。どのような人生の目標を定め、どんなライフスタイルを構築したいのか。それをまずは明確にしましょう。

このプログラムは、それを明確に決めることから始まります。目標は人それぞれであり、当然ながら、各々で違います。

例えば「5年後には海外旅行に毎年行けるようになっていたい」とか「家族旅行に年に2回は毎年行けるようになりたい」といったことでもいいでしょう。

「海外に別荘を持ちたい」「ほしかった高級車をゲットしたい」「年収を飛躍的にアップさせたい」でも構いません。あなたにとって最も重要な、人生の目標を具体的にイメージすることからストーリーは始まります。

そしてもうひとつ重要なことは、目標を達成するために、お金がいくら必要なのかを明確に算出することです。

その目標と必要な金額を紙に書いて、頭と心で強く、強くイメージします。それによって、願望を成就させたイメージが脳に刻まれます。

脳はイメージしたことを現実化するために働いていくという、素晴らしい機能を持っています。とにかく自分で強くイメージする。まさに、石に刻み込むように強烈に意識していくことが大切なのです。

5年以内に自分の年収を10倍にする！

私の場合、5年前の49歳のとき、「年収を8500万円にしよう」という目標を立てました。当時の年収が850万円でしたから、10倍の金額です。

そのときに何を考えたかというと、会社の売上が10倍になれば自分の収入も10倍になるはず――という発想でした。かなり短絡的ではありますが、シンプルにそう考えたのです。それを明確にすると、自分がそのためにどうすればいいかという道筋が、だんだんと見えてきます。

この目標を達成するには、どうすればいいか。

自問自答の結果、私は自分が今までやっていた、実務をやめようと決意しました。

当時の会社は、建設コンサルティングが主な事業です。会社の売上を上げるには、コンサルティングの質を上げる、技術提案書のクオリティを、どこにも負けないものにすることが先決でした。

そこで、ＣＡＤで設計図を描くような実務の仕事はほかの人に任せて、自分は新たに売上を作るための仕事に専念すべきと考えたのです。実際にそれからはその仕事に没頭しました。すると、半年後に1人で3億円の売上を達成することができたのです。

3億円というのは、当時の会社1年分の売上でした。1人で、全社の1年分の売上を上げたわけです。前期の売上は５０００万円でしたから、3億円の売上というのは6倍です。それをたった半年で上げたことで、自分の中で、かなりの手ごたえをつかむことができていました。

もちろん周囲は驚きましたが、私は「これを10人でやれば、会社の売上はすぐに30億円になる」「そうすると、自分の収入も10倍になるはず」と短絡的に考えました。ただ、そこは実現には至りませんでしたが……。

生産性を上げるための仕組みづくりとは？

生産性を上げるための仕組みづくりとは、本当の意味での工程管理を行うことです。そのためには、すでに述べたように、目標を掲げることが非常に大事です。目標を達成するために、必要なお金を自覚しないといけません。そこから工程管理は始まります。経営者にとっても、自分の人生を良くするために必須であり、そのために会社を良くする必要があるわけです。

スタートは会社軸で考えるのではありません。自分の夢や目標を設定して、その手段や過程として、会社の成功も必要というロジックが見えてくればいいのです。

目標設定は、実践するためのマインド設定としてもとても重要です。つまり、動機づけを作るエネルギーの源泉が自分の目標なのです。自分がどうなりたいか、会社がどうなっていれば自分が幸せなのかを明確に意識してください。

くどいようですが、自分中心に考え、まずは自分の目標を明確にすることから始まります。

人生で目指すことを決め、それを目標にして、それを達成するためにはどうしたらいいか。

そこには会社をどうすべきか、といった要素も当然入ってくるでしょう。それを組み立てていくのが工程管理です。だからこそ、自分自身の「人生の工程管理」でもあるわけです。

よく、耳ざわりのいい言葉で「社員の幸せが自分の幸せ」という経営者がいます。でも、私からすればそれは大きな間違い。社員を幸せにしたいなら、自分が幸せにならなければ決して成し得ません。

脳は本来、あくまでも自分が幸せになることを欲する構造になっているのです。これはもう理屈ではありません。人間の本能でもあるのです。

自分自身の幸せを目指した工程管理こそ、社員みんなが幸せになるメソッドです。そのことを前提として知っておいてもらいたいと思います。

小遣い稼ぎ残業は「やるな、させるな」

私がまだ、いやいやながらも残業に精を出していた頃。当時は、残業代として月に12万円ほどの収入がありました。年間で約150万円にのぼり、当時は生活のことを考えれば必要なお金だと確かに思っていました。

でも振り返ってみれば、たかだか年間150万円程度のお金のために、どうしてあんなにも残業をしていたのだろうと思います。

今であれば、絶対にあり得ません。自分はもっとほかにやるべきことがあるという考えで、当時のような残業は絶対にしないと断言できます。従来の仕事の延長線上で「やらされ残業」をするよりも、その時間を「自分の目標を達成するため」の投資として使うべきだと考えています。

私は当時、社長に言いました。

「自分が会社の売上を上げるために集中して時間を使うから、それで売上が上がったら、給料を上げてほしい」と。

これって、実は自分にとっての「残業ゼロ」が、すでに実現できている状態なのです。「残業=やらされ仕事」が、自分の内面の中でなくなっているからです。

つまり、従来の残業に固執して、いわゆる〝小遣い稼ぎ〟に執着していると、自分にとっての成長や未来の発展などまったく望めません。むしろ成長性はマイナスです。

残業代が稼げてよしよし、なんて言っていると、そこであなたの人生の成長は止まってしまいます。

あなたの将来にあるはずの目標への到達も願望成就も、まったく見えてきません。その時点から、すでに決定的な違いが出てくるわけです。

経営者やマネジャーの皆さんには、目標を持ち、達成へのモチベーションを持つことができる社員を、ぜひ増やしてもらいたいと思います。

そしてその前に、経営者やリーダー職であるあなた自身が、そうした目標設定を行ってください。そのことが、必ずや会社の発展につながることをぜひ知ってもらいたいと思います。

残業する社員と残業ゼロ社員の頭の中は?

残業する社員の頭の中は、きっと「残業代がもっと欲しい」「ないと困る」と思っていますし、一方で残業ゼロ社員の頭の中は「残業代なんかより、自分の目標に向かうための時間が欲しい」という思いで占められているはずです。

両者の思考には、目標が「ある」か「ない」かという決定的な違いがあります。

自分の年収をそれまでの数倍の1000万円にしたいと強く思えば、残業なんてしている場合じゃない。もっと別のことをやってそれを実現していかないといけない……という発想が芽生えます。

残業で生活を何とかしようなどという発想は捨てるべきです。残業代は生活給ではありません。決してあてにしてはいけないものです。

年収を1000万円に上げたいと思うのであれば、会社の仕事は定時に終わらせて、残業などをせず、副業などダブルワークをするというのもひとつの方法かもしれません。そういう大胆な発想の転換を図って働き方を変える。それが、目標に向かい自分の人生を変えることにもつながるのです。

今こそ！　小川式「工程管理変革プログラム」

人間は本来、自分がやりたいことができる能力は持っているのに、そのことに気づいていないことが多々あります。

当時は私自身も、わらにもすがる思いで自分の直観を信じて、何かを見出そうとして必死だったように思います。そうして見出したのが、小川式「工程管理変革プログラム」です。これはいわばプロジェクト・マネジメント技術による、高付加価値型業務代行というものです。

簡単な例をひとつ挙げましょう。

業務の工程管理の中で、期限を守ることはいうまでもなく重要です。これは、どんな仕事においても当たり前のことでしょう。

期限の日付は「締切り」。つまり締切りは自分を動かすための原動力になるものです。

この日までに課題を終わらせなくてはならない、仕事を完了する必要がある。

考えてみれば、学校生活でも会社でも、私たちは生活や人生をすべて「締切り」に縛られながら送っています。

普通、こうした「締切り」は誰だって好きではありません。私自身、「締切りが大好き」なんて言う人には、これまで出会ったことはありません。

それはなぜか。答えはいうまでもないでしょう。

締切りが設定されてしまうと、それは「守らなくてはいけない」というストレスに直結するからです。

「遅れるわけにはいかない」「それまでに終わらせなければならない」という自身の制約につながります。自由を束縛され、心にプレッシャーが乗せられてしまうのです。

ここで、肝心なことがあります。

「締切りは人を動かす偉大な発明」という言葉をご存知でしょうか？

これは、私が尊敬する世界的な経営コンサルタント、ダン・ケネディの言葉です。

つまり、締切りは本来、行動の原動力になる偉大なものであるにもかかわらず、それが有効に機能せずに、逆にストレスなどの悪となって人を支配しているのです。

それはなぜか？　答えはいたってシンプルです。

締切りを他人に決められるから、ストレスになるのです。

人に強制されて、それによって自由を奪われるから、重圧やプレッシャーに感じてしまうわけです。

そうではなく、自分の意思で決めれば、締切りは「目標」になります。

自分で自分にプレッシャーをかけるのはストレスではありません。だから締切りは、自分で決めることが絶対に重要です。

それができると、締切りを守るための自らの行動計画ができます。そのために協力者が必要であることを認識でき、目標へ到達するためのプランを作成することにつながっていきます。

締切りとは言い換えれば、「人生の自分の目標でもある」とも言えるのです。

人工知能やロボットには真似できない技術

こうした「締切り」の設定も、私の「工程管理変革プログラム」における、重要な構成要素のひとつです。

このように、私のプロジェクト・マネジメント技術のノウハウは、とてもシンプルであることが特徴といえます。

それは、あなたが自分自身をマネジメントすることによって、発注者やライバルから称賛され、制約のない豊かな人生に、あなたを導くためのマネジメント技術なのです。

建設コンサルタントは、いうまでもなく人にかかわる職業です。

たとえ発注者の仕事の大部分が機械化されたり、人工知能（ＡＩ）に代替されたとしても、建設コンサルタントは生き残っていく可能性が高いと思います。

ただ、生き残るには条件があります。

その条件とは、本当の意味で業務をマネジメントする技術をもつことです。

私のプロジェクト・マネジメント技術は、協調性、創造性、他者との理解力、説得力、交渉力、コンサルタントとしてのサービス志向性を強化する技術ですから、人工知能やロボットなどで機械化されにくい技術なのです。

私は、自分の「工程管理変革プログラム」を実際の業務で実践しました。

先述したように、自分の年収を10倍にするという自分自身の将来のヴィジョンを思い描き、そのために会社の売上を10倍にする目標を立てたのです。

とにかく売上10倍を基準目標に、目標に直接つながることは「自分自身がやるべきこと」として、それ以外は、たとえ実行可能でも「やるべきではないこと」として区別しました。

そして、自分がやるべきことだけをやれるように、自分の周りの協力体制を構築し直しました。直接売上に寄与しない、自分がやるべきでない事柄はすべて、部下や上司、協力会社にお願いしたのです。

それから、自分のやるべきことだけを実行するために、なるべく会社から離れるようにもしました。

長期の出張や現場に行く理由を作り、極力ホテルで、ひたすら目標につながる受注作業に集中しました。その際に、後述（112、122ページ参照）するようなスケジュール管理表（バーチャート）とＴｏＤｏリストを活用し、30分単位で自分のスケジュールを管理する術を用いて、毎日行動を伴わせていったのです。

その結果、半年後にたった１人で、３億円の売上を達成できたわけです。つまり、１人でプロジェクト12件分に匹敵する業務を受注するに至りました。これが業界内では前代未聞の出来事だったことを、私はあとで知りました。

その際業務にあたったのは、私ともう１人の後輩の社員、たった２人です。まさに生産性アップの極みでしょう。それだけのマンパワーで一気に12件ものプロジェクトを完了させることができたわけです。

つまり、実務はほかの人に任せて自分は「仕事を取ってくる」立場に専念すれば、売上は必ずや上げていけるはずだという確信があったのです。実務はほかの人に振ってしまい、自分は工程管理変革プログラムだけを実践すればいいのです。

それによって全体の売上アップも図れるし、自分も楽になります。やるべきでないことはどんどんほかの人に任せ、自分は自分のやりたいことを達成するために、もっと大事なことをすればいいのです。

夢や目標・願望に限りなく早く確実に到達できる

さらに業務の成果に対して、発注者からは非常に高い評価も得られました。ただ、期待した技術者表彰はされませんでした。それには理由がありました。手持ち業務量の制約です。

実は業界ルールで「質確保のため、1人の技術者が担当できる業務は9件まで」という決まりが存在していたのです。

私は12件の業務を受注したことで、業界内のルールに反した形になり、ペナルティとして、業務の評価点を2点減点されることになりました。そのため、表彰対象から漏れたそうです。

そのことを話してくれた発注側の担当者は、私に申し訳なさそうに謝ってくれました。業務成果は、素晴らしく良かったからです。

また、減点せざるを得なかった本当の理由も話してくれました。

地元の他の建設コンサルタントからの苦情だそうです。「何で3億円もの業務をたった1人の技術者に発注したんだ！」という半ば嫉妬に近いクレームだったそうです。

ある意味、負け犬の遠吠えといってもいいものですが、横並びの業界ルールがある以上、仕方ありません。でも私はそれを聞いて、自分の仕事や業務の結果はもちろん、それまでのプロセスが正しかったことを確信し、さらに自信がつきました。

「工程管理変革プログラム」のプロジェクト・マネジメント技術は、あなたの技術力を可能な限りスピーディに、着実に向上させます。そして、あなたが携わる業務の評価を上げ、発注者から表彰されるようなクオリティが身につきます。

物理的な残業をゼロにするだけでは意味がない

それまで、２００時間もの「残業」に明け暮れ、精神的にも肉体的にも疲弊し、自分の将来に絶望していた人生が、このプログラムによって再生したのです。

私にできたのだから、必ずあなたにもできるはずです。そのために必要なのは、あなた自身に迫っている大きな問題を明確にし、再確認すべき事柄を、今一度強く意識することです。

素直な気持ちで、あなたの抱えている問題に向き合ってください。

あなたは、本当の意味での工程管理を、自らに課していますか？

自ら業務を執行できない技術者は、決して選ばれません。

あなたはスケジュール管理表を作成した時点で、すべての打ち合わせ日を決めていますか？　つまり「締切り」を設定していますか？

資料完成の目途が立たないと、打ち合わせ日時を決められないと思っていませんか？

もしそうならＮＧです。

発注者は口には出しませんが、心の中では「そんなことも決められないのか」と、思っている可能性が大きいのです。

そんなあなたに、我が身の出世を左右するような大事な業務を任そうと思うでしょうか。

仕事に向き合う際には、自分自身のモチベーションを最大化させ、最高のパフォーマンスを発揮すべきなのはいうまでもありません。

正しいメソッドを活用して、目標を明確にして、自分が意識する確かなモチベーションを胸に仕事をしていけば、結果的に残業は減り、自然と生産性も上がり、高い成果を残せるようになります。

単なる効率化や時短のススメではなく、私のいう「残業ゼロ」とは「目標達成のために、自分がやらなくてもいいことをしない＝広義の意味での残業をゼロにする」ということです。

２００時間を超える過酷な残業に終始していた生活から、５年間で年収を10倍にまで昇華させて人生を変えた、独自の「工程管理変革プログラム」。その実践ノウハウを、次の章から紹介していきます。

第3章

小川式工程管理メソッドは「人生を幸せにする変革プログラム」

人生を変える「工程管理変革プログラム」の6つのプロセス

あなたが、ご自身の業務を進めるうえで、ネックになっていることは何でしょうか。仕事が定時で終わらない。自分がやるべき仕事に集中できていない。やらされ仕事ばかりでモチベーションが上がらない。思うような成果が上がらない……。あなたに起こっている問題を、まずは明確にしましょう。

今、社会経済情勢の急速な変革によって、発注者自身の急速なシステム改革が始まっています。つまり、発注者は自分たちよりも「改革できない」「自ら行動しない」といった技術者には、業務を任せられないと感じているのです。

そのひとつが第1章で触れたような、国が進めている働き方改革の影響です。これによって、年度末の長時間労働や深夜残業を未だに続け、生産性を向上できないような働き方では、次第に相手にされなくなっていきます。

本当の意味での残業ゼロを目指し、生産性を飛躍的に向上させて、設定した目標へとたどり着く。そのための変革プログラムをあなたも身につけ、実践してください。

「工程管理変革プログラム」は、大きく6つのプロセスから成っています。

◉小川式「工程管理変革プログラム」の6つのプロセス

①目標設定（自分のなりたい姿を強く脳に刻み込む）（70ページ参照）
②（自分の）時間の価値の計算（81ページ参照）
③「やるべきこと」と「やらないこと」を決める（88ページ参照）
④他人に振るためのシステム構築（タスク分担）（102ページ参照）
⑤スケジュール管理表の活用（109ページ参照）
⑥ToDoリストで15分単位のタイムマネジメント（119ページ参照）

①の「目標設定」に応じて、それを達成するために必要な、あなた自身の②「時間の価値」を算出します。次いで、その価値を実現するために、あなたの仕事の中で③「やるべきこと」と「やらなくていいこと」を仕分けしていきます。

もちろん、あなたが「やらないこと」は誰かに代わりに行ってもらう必要がありますから、そのための④「タスク分担」を決めていきます。

そうやって、目標到達に向かってあなたがやるべきことが定まれば、あとは⑤スケジュール管理を明確にして、⑥ToDoリストによって実行に移せばいいわけです。

① 目標設定（自分のなりたい姿を強く脳に刻み込む）

圧倒的な生産性の向上は果敢な目標設定から始まる

これは、あなたのスタートに際して、最初に位置すべき極めて大切な事柄となります。すべてのことに先立ち、最初に行う非常に重要なこと、それが「目標の設定」です。目標がなければ、何も達成することはできません。

よほど能力がある人が、何かのきっかけで瞬発的に結果を出すこともありますが、そうしたケースは決して多くありません。

「生産性や効率性を上げる必要がある」とよく耳にしますが、では、生産的とはいったいどのような状態を意味するのでしょうか。

ビジネスを行っているどのような立場であっても、生産的とは「測定可能な方法で、意義ある目標に近づけるよう考慮された方法」で「入念かつ、戦略的に自分の時間、才能、知性、エネルギー、資源、チャンスを投資し、ビジネスからお金を引き出すこと」を言います。

平たくいうと、目標もなく、目標とのつながりもない状態では生産的には決してなり得ない、ということです。

同時に、達成度を測れない状態では、目標に近づいているのかどうかがわかりませんし、戦略的に投資し、行動することはできません。

目標にしっかりと目を向け、目標に向かう動きを測定することに没頭していなければ、どんな仕事だろうと、どんなことでも自分が思った通りには実現しません。

私が考える仕事を進める上での7つの要素、企業が目標や目的を達成するために必要な要素です。

①将来像（ヴィジョン）
②競争優位性（強み）
③強いメンタル（パッション）
④資源（リソース）
⑤協力体制（協力者）

⑥並外れた戦略（ストロング・ストラテジー）
⑦行動計画（アクションプラン）

この7項目は、自分の目標を達成するために必要な事柄であり、言い換えれば、この7項目を定義することが、企業および経営者にとっての目標を明確にすることです。最初に「目標ありき」なのです。その目標に向かって正しい方角と位置を向いているかどうかも重要です。

東京に住んでいるあなたが「富士山に行こう」と考えたときに、九州に住んでいる友達にどの方角に向かえばいいのか尋ねたとします。

九州に住んでいれば、富士山は方角でいえば東に当たりますから、あなたに「東ですよ」と答えてしまうかもしれません。そこで、あなたが聞いた通りに東に向かってしまうと、いつまで経っても富士山にたどり着くことはできないのです。自己啓発など成功体験を目指す際に犯しがちな過ちとしては、往々にしてあることなのです。

つまり最初の目標設定を行う際に、正確なポジションや立ち位置を間違えてしまうと、まるで違った方向性の目標を定めてしまいます。

「5年後にあなたがなっていたい姿」を明確にしよう

最初の「目標設定」は、シンプルに「自分がなっていたい姿」を定めるということでいいのです。自分の将来像を逆算して、人生の進路を明確にすることです。

・5年後
・3年後
・1年後

ここで大事なのは、まずは自分が目指す目標を明確に設定すること。自分自身の目標を高らかに設定するだけで、あらゆる面で自分のパフォーマンスが向上します。

1人になり、心を落ち着けられる場所で、頭をクリアにした状態で自分の人生の目標を設定し、「達成する！」と決断してください。

会社の目標、ISOの品質目標、部署ごとの目標などはあくまでも他人の目標です。経済面やキャリア、家族、恋愛、その他、自分が実現させたいと思っている各々について目標を設定するのです。

そして、あなたが望む目標達成の最終期限を設定します。

1年後か、3年後か、明確な根拠がなくてもいいので現実的な数字を設定します。目標を達成するには、あなたの時間をコントロールする必要があり、最終期限を設定することは、自分の時間をコントロールする第一歩になるからです。

「締切りは、人類が生んだ偉大な発明である」（ダン・ケネディ）

締切りは、自分で決めることが重要です。たとえ他人が決めた期限であっても、自分で再設定するのです。

希望や願望を目標に変換し、目標達成の最終期限を設定することは、あなたの意識を変える意味でも非常に重要なことなのです。

その意味では、私は5年後の姿くらいがちょうどいいのではないかと思っています。

5年後の自分の姿をイメージしておき、1年ごとに逆算していき、効果測定をしていくことも有効です。「工程管理変革プログラム」のスタートとしては、5年後くらいの自分の姿が一番イメージしやすいと思います。

目標を実行するためのコストを計算する

目標を実行するには、言うまでもなくお金がかかります。そこには絶対的にコストは必要なのです。ビジネスで成功するには、それなりの投資が必要です。実はそのコストこそ、自分が目指すべき目標値になり、具体的な指標となっていくのです。

私の場合、5年後に到達したい自分のライフスタイルを考えたときに「好きなだけ働いて、好きなだけ遊んで、好きなだけ稼ぐ」という3つの言葉に集約されていきました。

そして、必ず年2回は長期休暇を取って海外へ家族旅行をする。具体的には、7月と1月の1か月をまるまる休んで海外旅行をする。

そのためには1回500万円の費用が必要で、年間1000万円が海外への家族旅行のために必要なコストであると算出できました。

次に、海外に別荘を買うという願望が湧きました。地震の少ないヨーロッパに、日本での地震の一時避難用として暮らせる別荘が欲しい。そう真剣に考えたのです。

そして別荘では、掃除などの雑用をすることなく優雅に暮らしたいですから、管理人を雇いたいとも考えました。そうすると、人件費や維持費がかかり、さらにコストが必要です。ほかにも次のビジネスへの投資として1000万円が必要……など、自分の願望を積み上げてコストを加算していきました。

その結果、自分が考える「なりたい姿」や「やりたいこと」を金額で表した試算として、年間8500万円という数字が出たのです。これが年収8500万円の根拠です。

それが、自分にとっての明確な目標値となりました。

もしも自分が魔法使いだったら?

年間850万円の収入だった人間が、いきなり8500万円の年収を目指す。

この目標値を聞いて、「何をバカなことを」「できるわけないだろう」なんて考える人がいるかもしれません。

では、こんなふうに考えたらどうでしょう。

もしも自分が「魔法使い」だったら何を叶えたいか。何がしたいか。魔法で自分はどのようになりたいか。その答えを目標にしてもらいたいのです。

そのくらい突き抜けた考え方でなければ、人間は必ず自分の心に「できない」「ムリだ」という壁を作ってしまいます。

その壁を破るために、自分が魔法使いだったらという、思い切った思考が必要なのです。

人が目標をイメージするときには、実現可能な、例えば2倍や3倍といった現実的な目標しか立てないものです。

でも、それでは意味がありません。10倍や20倍といった、普通はイメージできない、大胆な目標を掲げることが必要です。そうやって、思考を根本から変えていく。発想を大転換させるためのインパクトが脳には必要なのです。

私は今、目標の設定から5年が経ち、「収入10倍」に手が届きそうなところまできています。これは夢物語でもおとぎ話でもなく、私自身に、実際に起きていることです。

かつては「ダメダメなやらされ残業社員」だった私にもできたのですから、あなたにも必ずできるはずなのです。

目標を紙に書いていつも目にするところに貼っておく

自分自身の目標設定。これは、自分がその姿をイメージしたときにワクワクするような目標を掲げることが必要です。

もしワクワクしないようなら、まだ自分の脳にインパクトが与えられていないということかもしれません。もしくは、自分はそれを本当に成し遂げたい、とは思っていないということかもしれないのです。

これができたら本当にうれしい！　考えただけで、イメージしただけでワクワクする！　そう思える事柄を目標にすることが、とても大事なのです。

思考は現実化します。だから、その目標をずっと考え続けてください。

そのために、やってもらいたいことがあります。あなたの目標と、それを行うために必要な金額をＡ４以上の大きさの紙に箇条書きにして、いつも目に見えるところに貼っておくのです。

私も「年収10倍！」の目標を書いた紙を、今も自分のデスクの前に貼っています。

そうやってワクワクする目標を想い続ける。いろいろ嫌なことや、凹むこと、くじけそうなこともあるでしょう。そんなときも紙を見て目標を思い起こします。

その目標をいつも脳にインプットします。読んで、イメージする。そして、目標に到達して自分が実行している姿を明瞭にイメージしてください。それを行ってワクワクしている姿を、強く脳に焼きつけるように描き続けるのです。

私の「工程管理変革プログラム」の成功術は、このワクワクの目標設定から始まります。このスタート地点が極めて重要であることを、まずは強く認識してもらいたいと思います。

夜寝る前と朝起きた後に目標をイメージする

目標を設定したら、自分の脳に強くイメージする。その目標と必要な金額を紙に書いて貼り、到達した自分の姿を毎日脳に焼きつけることが重要、と書きました。

加えて、もうひとつ行ってもらいたいことがあります。目標の中身や、自分が到達したときの姿を、眠る前に強く脳裏に描いてください。

さらに、朝目が覚めたときにも、同様にイメージすることを忘れずに行ってください。朝起きたときは頭がスッキリしているので、イメージしやすいという良さがあります。

夜の眠る前というのは、その日に起こった出来事や翌日の予定についていろいろ考える時間でしょう。

多くの人は「今日のミスを明日上司に怒られそうだけどどうしよう」とか、「大事な商談があるけど、うまくいかなかったらどうしよう」といった不安なことを考えがちです。

そうではなく、ワクワクする自分の目標や、それを実際に行っている姿を毎晩イメージするのです。

そうすると、やがて不思議な感覚になってきます。「ひょっとしたら自分にもできるかも……」という前向きな気持ちになっていきます。それが、イメージの強い力なのです。

こうした「目標達成のイメージング」は工程管理のノウハウとは一見関係のないように思われがちですが、「目標達成のための工程管理変革プログラム」という一連の流れでとらえたときに、非常に重要な位置を占めるものとなります。このプログラムによる願望成就の前提として、とても大事なのです。

すべては、ここから始まると言っていいものです。脳に刻み込む、自分がワクワクできる目標設定。

単なる目標ではダメです。実際にそれをしている自分を思い浮かべたら、ワクワクするような目標であることが極めて重要です。

②（自分の）時間の価値の計算

あなたに必要な「時間給」はいくら？

この本のテーマのひとつに「残業をいかになくすか」がありますが、残業という概念の根底にあるのは「時間管理」です。当たり前のことですが、仕事を定時に終わらせられれば、残業は生じません。

ということは、残業をしなくて済むようにしたいならば、定時＝会社の就業時間内にきちんと仕事を終わらせればいいのです。つまりは、時間管理を自身で徹底させることです。

時間管理を行うことで、結果的に残業ゼロも実現することはできますが、その目的はもっと大きなところにあります。

「目標達成＆願望成就のための『時間管理』であるべきなのです。

言うまでもなく、時間は誰にとっても平等です。

1時間の長さは、この地球上の誰にとっても寸分の狂いもなく平等に60分、分け隔てな

第3章

く3600秒です。

だからこそ肝心なのは、平等に与えられた「時間」をほかの誰よりも濃密にすること。掲げた目標とそのために必要な金額を得るために、自分がどのような時間管理を行うべきか。その中身を明確にするのです。

それが「目標達成&願望成就のための『時間管理』であり、あなたにとっての生産性の向上なのです。


ちょっと抽象的でわかりにくければ、もっと直接的な説明をしてみましょう。

目標達成&願望成就のための時間管理とは、つまりはあなたが目標を達成するために必要な「時間の価値」を算出することから始まります。

難しいことではありません。例えば、あなたが今1日8時間働き、年間で230日働いているとします。そして年収は600万円としましょう。

そうすると、労働時間1時間当たりの収入を計算したとき、約3260円です。これが、あなたの現在の労働に対する「時間の価値」となります。

「目標達成に必要な金額」は、すでにあなたの頭の中にあるはずです。その金額を1年間の単位に落とし込み、それを1時間当たりに換算していけば、あなたの目標達成に必要な「時間の価値」が出せるわけです。

ですが、私の「工程管理変革プログラム」では時間の価値を算出するために、もう少し考え方を深めていきます。

「時給13万円強」が私の「時間の価値」になった

目標のためにお金がいくら必要なのか。そのために意識すべき「時間の価値」はいくらなのか。私の場合を例にとって、もう少し具体的に説明してみましょう。

私が目標とした金額は、年間８５００万円でした。

その金額をよりわかりやすくするためにも、時給に換算してみるとよいでしょう。

それが例を示して説明した「時間の価値」の計算です。

そこでは、１日の労働時間を「８時間」としました。でも実際の仕事の中で、1日に8時間もの生産的な時間を過ごせる人は、まずいないと思います。

8時間の就業の中で、同僚と話したり、ぼーっと考えごとをしたり、ひたすら探し物をする……といった時間など、自分の目標達成に関係のない仕事に費やしてしまう時間は、実は相当に多いわけです。労働時間と「生産的な時間」には大きな差があるということです。

ですから、単純に8時間分の価値を求めたのでは、実際の仕事の中身として、足りていない。その「非生産的な時間」があることをあらかじめ考慮して、その分、時間に掛け算を施す（3を掛ける）というのが、この変革プログラムの考え方です。

これは、前述の経営コンサルタント、ダン・ケネディが紹介している計算方法で、私の人生変革に大きな影響を与えてくれた概念です。

算出方法は、次の通りです。

◉あなたの目標を実現するために必要な金額〈目標値〉〔　　　　〕円

年間の労働時間（8時間×230日＝1840）で割る　÷〔　　　　〕

＝1時間当たりの基本的な収入目標額〔　　　　〕円

非生産的な時間を勘案して、掛け算をする　×3

↓自分の目標達成のために必要な、1時間当たりの〈時間の価値〉＝〔　　　　〕円ちなみに私の場合は、当時の年収が８５０万円でしたから、従来の1時間当たりの収入は４６２０円でした。

それを「年収10倍」の目標値に置き換えて、求めるべき時間の価値を算出したところ、なんと1時間当たり13万８６００円という額になったのです。

これは衝撃的でした。日給に直すと、なんと約36万９５００円です。

ともかく、1時間に約13万８６００円、1日に約37万円を稼ぐことができる状況を作らねばならない……自分の仕事に対する概念が、そこで根底からくつがえされたのです。

自分ならできる。そう強く思うことから成功は始まる

1日に37万円なんて、稼げるわけない……。そんなふうに思う人もいるかもしれません。

でも、そこで自分に「ムリだ」という壁を作ってしまっては前に進みません。

それを現実にするために、自分が何をしたらいいのか。1日37万円を稼ぐにはどうしたらいいのか？　その発想で考えなければいけません。

会社で何をすればそれだけの金額を得られるのか、それを考える。その前提として、目標に到達したいという強い意志は、決定的に必要なのです。

その結果、「自分はサラリーマンのままじゃダメだ」と思う人もいるでしょうし、そのときには別の道を探ったほうがいいかもしれません。

でも、5年後に目標に届かなかった自分、何も変わらなかった自分……というマイナスの状態は考えてはいけません。「できる」とイメージすることが非常に重要なのです。

自分自身の人生における目標を設定しなければ、決して何も生まれません。結局、その人は何も変わらない……ということで終わってしまいます。

自分にはできる。そう強く思うこと。そこから、自己変革につながるすべてが始まるのです。

なぜ私が「5年間で年収10倍」という目標に到達できたのか

年収10倍なんて、それまでと同じ仕事をしていて達成できるわけがない、と思った方。劇的な転職でもしなければ、到達なんかできない……と考えてしまう方も少なくないでしょう。

確かに「従来と同じこと」をしていたのでは、到達することなど絶対にできません。しかし、仕事の中身を変えれば、それは可能なのです。

実際に私は、職場を変えるといったドラスティックな変化をしなくても、年収を10倍にするという目標に到達できると確信しました。

それは、自分の年収を10倍にするには、会社の売上を10倍にしなければ到達できないと考えたことがひとつのポイントでした。そのためにはどうすべきか。そこから、独自の工程管理という手法につながっていったのです。

自ら工程管理の変革を実践することによって、見えてくる景色は大きく変わります。


考えてみてください。転職して新たなスキルを身につけて……なんてやっているほうが、よっぽどリスクは大きいでしょう。時間もお金もかかるし、何よりも当たりはずれが大きなバクチみたいなもの。そんな不確かなものに貴重な時間やエネルギーは注げません。

それよりも、自分がやってきた仕事は、すでに多くのノウハウを持っているわけですから、やり方や仕組みさえ変えれば、必ず変化が訪れます。職種や仕事を変えるのではなく、今の会社で意識と仕組みを変えればいいのです。


ただしそこでは、自分自身のマインドを突き抜かせることが重要です。私の場合は、会社は自分の目標を達成するために利用するもの、という考え方も必要でした。

新たなマインドセットやイメージトレーニングも、強固な目標設定においてはとても重要ということが言えるのです。

③「やるべきこと」と「やらないこと」を決める

「やらなくていいこと」のためにアポイントをすっぽかした私

あなたは、時間の価値を現実のものとするために「できること」ではなく「やるべきこと」をやらなくてはなりません。

このときの「できること」とは、あなたがやらなくても支障のないもの。そして「やるべきこと」は、あなたがやらなければあなたの目標に到達できないこと、あるいは、あなたがやることによって格段に目標に近づくこと、を意味します。

あなたは自らの目標到達に向けて必要なことだけをやり、それ以外のことは後回しでいいのです。もっと言えば、「やるべきこと」以外は「あなたがやる必要はない」「やってはいけない」わけです。


私の過去の失敗例を紹介しましょう。

私の昔の上司は、非常にワンマンな人でした。

あるとき「この書類を13時までに作成しろ」と指示され、私は仕事と格闘していました。しかし、書類作成にはどうしても時間がかかり、終えたときには14時を大きく回っていました。

問題は、ここではありません。

そのとき私は、13時にお客さまとのアポイントがありました。しかし、上司の指示に従ったためにアポをすっぽかしてしまい、取れるはずの契約が取れなかったのです。

冷静になって考えると、これは本末転倒です。

お客さまは売上につながる仕事です。ですから本来、優先すべきはお客さまだったはずなのに、仕事で会社に縛りつけられ、売上を作れなかったのです。

私の目標は、自分の収入を10倍にすること。そのために、会社の売上も10倍にしなければならない状況であったにもかかわらず、目標に関係ない仕事に時間をかけたために、本来「やるべきこと」ができなかったのです。

もしもあなたが同じ立場に置かれたら、どんな小さなものでも、その仕事が会社の売上につながるかどうかだけを考えて、仕事の優先順位を選んでください。

思い切ってやらないだけで生産性はグングン上がる

目標を達成するためには、具体的に何をすればいいのでしょうか？

「やるべきこと」を実践する。これは裏返せば「やるべきでないことを探す」ということでもあります。

例えば、10人が会議に参加しているとします。

1人5分の発言時間があるとして、トータルで50分間。しかし、そのうち45分間は他人の話を聞いているだけの時間です。

もしも、この45分間を別の形で補完できるとしたら、社員は1日のうち45分間をムダにしなくて済みます。

自分の仕事に費やすことができ、それだけ帰る時間も早まります。

会社の仕事の中で、ひとつの会議がムダだとわかり、それを「やらない」と決めただけでも、10人×50分＝500分の時間が浮くのです。

企業の正社員1人当たりの労働生産性は時給換算で4000円くらいですから、会議をひとつなくしただけでも、実に3万円以上が節約できます。

さらに、会議に費やす時間を生産や営業に回したらどれだけ売上が上がるでしょうか？

こうした時間管理の考え方を重視した工程管理によって、「やらない仕事」を徹底的に見つけ出していきます。

「やる必要のないこと」をやらないだけで、会社の生産性はぐんぐん上がっていくわけです。

生産性を上げるために必要な、とても簡単な理屈ですが、なぜこれが多くの会社において実践できていないのでしょうか。

直接的な理由は、管理者も従業員も「やるべきこと」と「やらなくてもいいこと」の判断がついていないからです。

会議の例でいうなら「会議に参加すること」はやるべきことだとしても、「自分の発言まで黙って待っていること」はやらなくていいことです。

報告だけなら、SNSやメッセージツールなどでグループを作ってそこで報告すれば、会議室に集まる必要はありません。すでに目的は達成しているので、会議は不要なものとなります。

では、こういった判断をするにはどうすればいいのでしょうか？

それは、「やらない力」を身につけることです。

この力を身につけることによって、現場責任者も従業員も自分の頭で考え、必要な仕事に集中できるようになります。

「やるべきこと」「やらなくていいこと」をリスト化する

つまり、「やるべきこと」をやる秘訣は「やらなくていいこと」を決めること。

何だか禅問答のようで恐縮ですが、その意味はいたってシンプルです。

必要に駆られてやっていること、モチベーションの上がらないこと、とりあえずやっていることは、できる限りやらないようにするのです。まずはそうした「やらなくていいこと」をリストにして書き出してみましょう。

ただ、漠然と考えてみても、何が「やらなくていいこと」に当てはまるのか、モヤモヤしたままかもしれません。

もしそうなら、あなたの目標設定を実現するための時間の価値に照らし合わせて「必要ない」と思う仕事をとにかく挙げてみましょう。

1000円や2000円の仕事をするのではなく、1時間で5倍も10倍も稼げるような仕事だけを取ってくるように、考え方を変えた上で取捨選択します。そして、目標の到達について脇道にそれる仕事は、すべて「やらないことリスト」に入れていくのです。

すると、「やること」と「やらないこと」が明確に分けられ、把握できるようになります。

これが「仕事の見える化」であり「やるべきこと」「やらなくていいこと」を見つける具体的な方法です。

つまり、やるべきこと・やるべきでないことをリスト化して、自分の「やることリスト」と「やらないことリスト」を作る。

自分が考える収入額を手にするために、この2つのリストが重要な意味を持ってくるのです。

9つの「やるべきこと」を力強く掲げよう

私の場合を例にとって説明しましょう。

私は目標を達成するために、まずは大きく3つのことを考えました。

1つめは「会社の売上を10倍にすること」。

2つめは「セミナーの販売事業を行って売上を作ること」。

3つめは「顧客の数を増やすこと」。


その3つを目標にしたうえで、それぞれの項目を実現するために必要な「やるべきこと」を、さらに3個ずつ書き出していきます。

それぞれ3つずつ、「やるべきこと」を枝分かれさせて決めるわけです。そうすると、9個のやるべきことが出てきます（図3－1〜3）。

それを毎日、自分で実践します。9個すべてを毎日やるのは大変ですから、9個のうち3つのことを毎日必ず行う、と決めたのです。

図3－1　9つの「やるべきこと」

絶対自分の労働時間にレバレッジを上げなければならない

自分への需要が自分の供給量を上回らせるために

11 月 30 日までに売上 1 億 3,000 万円を達成するために

そして、それぞれを年間売上 10 億円につなげるために

顧客を１００人以上にすること　**選択肢を維持するため**

顧客を１００００人以上にすること　　　自分が投資した時間、お金は必ず回収する

そのために

最も重要なこと　　最も価値のあること　最も意味のあること　最も生産的なこと

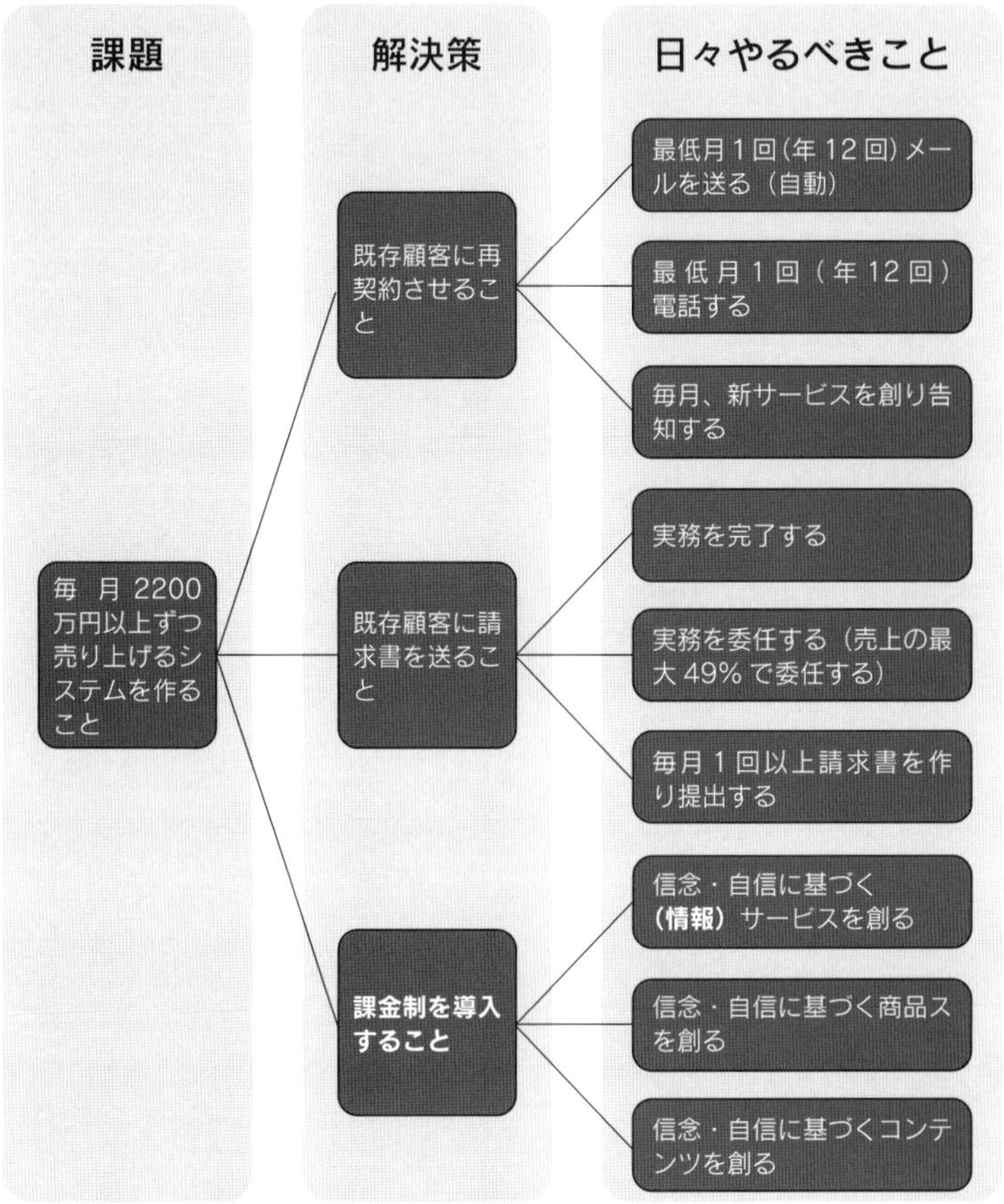
課題
解決策
日々やるべきこと
毎月2200万円以上ずつ売り上げるシステムを作ること
既存顧客に再契約させること
既存顧客に請求書を送ること
課金制を導入すること
最低月1回(年12回)メールを送る（自動）
最低月1回（年12回）電話する
毎月、新サービスを創り告知する
実務を完了する
実務を委任する（売上の最大49%で委任する）
毎月1回以上請求書を作り提出する
信念・自信に基づく（情報）サービスを創る
信念・自信に基づく商品スを創る
信念・自信に基づくコンテンツを創る

著者作成

図３－２　９つの「やるべきこと」

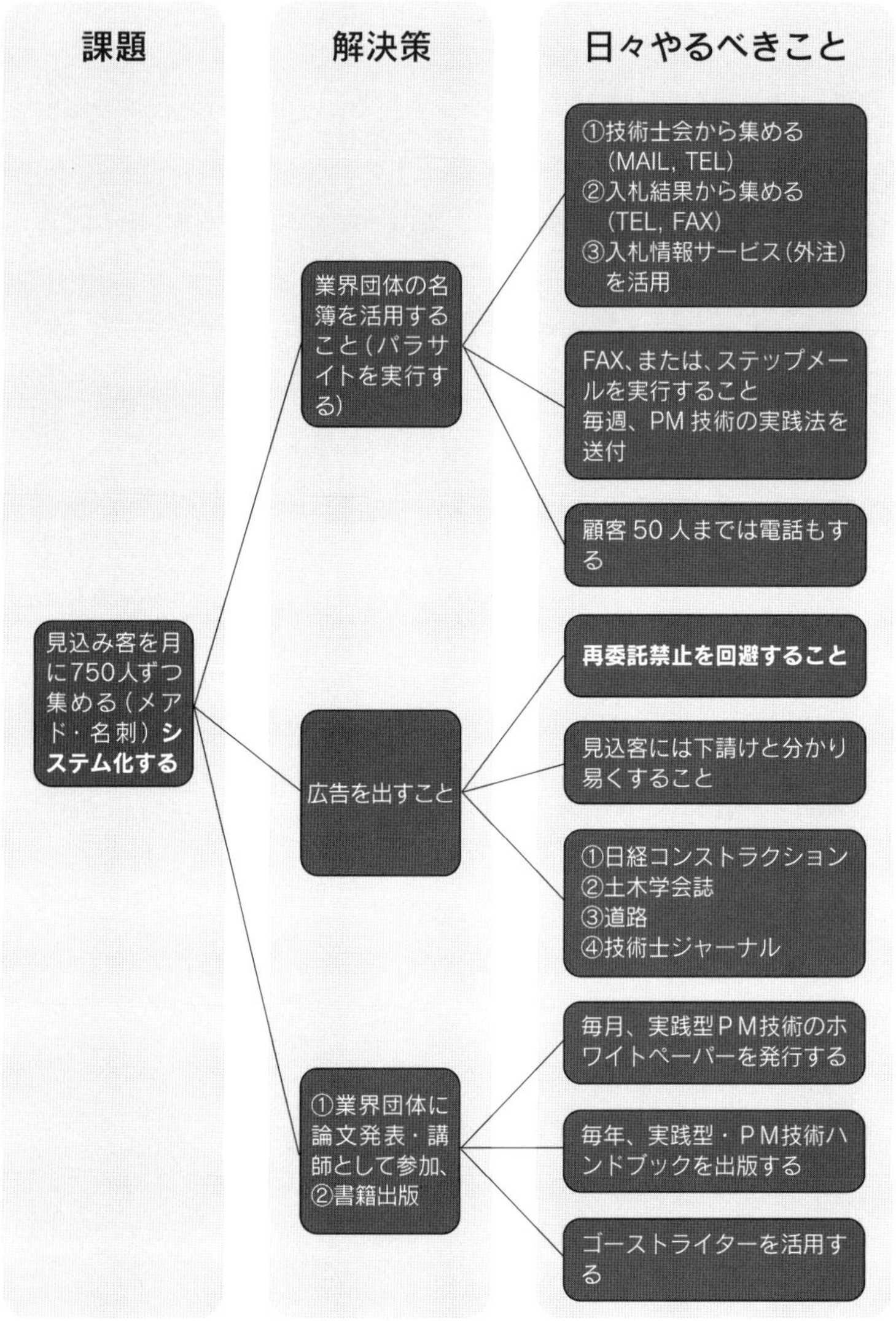
課題
解決策
日々やるべきこと
見込み客を月に750人ずつ集める（メアド・名刺）**システム化する**
業界団体の名簿を活用すること（パラサイトを実行する）
①技術士会から集める（MAIL, TEL）
②入札結果から集める（TEL, FAX）
③入札情報サービス（外注）を活用
FAX、または、ステップメールを実行すること
毎週、PM技術の実践法を送付
顧客50人までは電話もする
広告を出すこと
再委託禁止を回避すること
見込客には下請けと分かり易くすること
①日経コンストラクション
②土木学会誌
③道路
④技術士ジャーナル
①業界団体に論文発表・講師として参加、②書籍出版
毎月、実践型ＰＭ技術のホワイトペーパーを発行する
毎年、実践型・ＰＭ技術ハンドブックを出版する
ゴーストライターを活用する

著者作成

図3－3　9つの「やるべきこと」

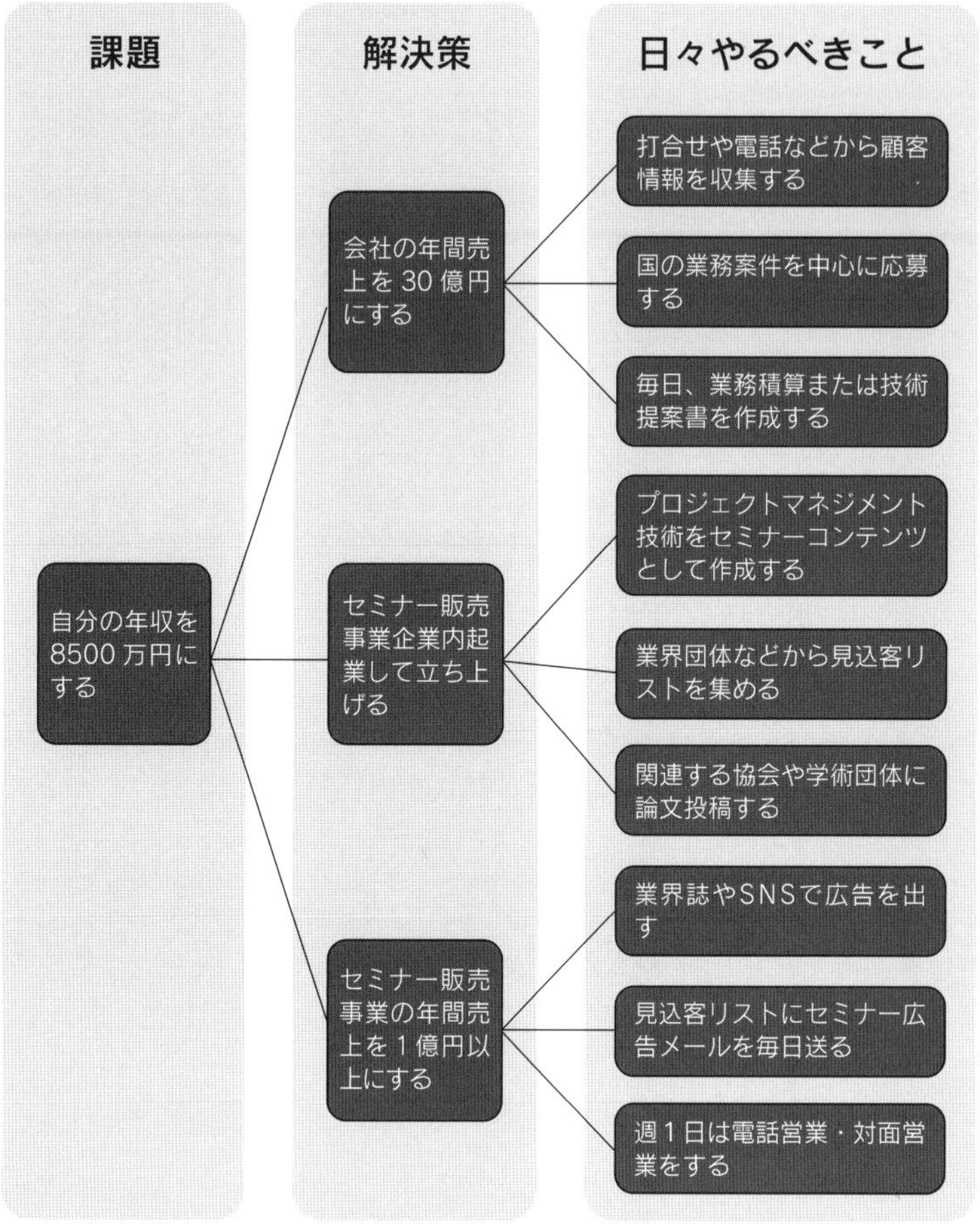
課題
解決策
日々やるべきこと
自分の年収を8500万円にする
会社の年間売上を30億円にする
セミナー販売事業企業内起業して立ち上げる
セミナー販売事業の年間売上を1億円以上にする
打合せや電話などから顧客情報を収集する
国の業務案件を中心に応募する
毎日、業務積算または技術提案書を作成する
プロジェクトマネジメント技術をセミナーコンテンツとして作成する
業界団体などから見込客リストを集める
関連する協会や学術団体に論文投稿する
業界誌やSNSで広告を出す
見込客リストにセミナー広告メールを毎日送る
週1日は電話営業・対面営業をする

著者作成

私の経験では、必ず実践できたのは3つのうち2つでしたが、それだけでも効果がありました。2つで目標達成をできてしまったのです。ですから、もし皆さんが3つすべてを行動すれば、私よりもさらに大きく飛躍していけるはずです。

そして、やるべきことを必ず行うには新たな時間を作らなければなりません。やらなくていいことを止めることで浮いた時間を活用するわけです。

今までやっていた仕事の中で、やるべきでないことは何かを考えて、明確にしましょう。そのときのやるべきでないこととは、くどいようですが「自分がイメージした目標と関係のないこと」です。

当時の私にとっては、それは実務の仕事でした。机に向かっていくら実務をやっていても、新しい売上は作れません。

設計や図面作成、補修の設計や図面書き、CADや計算……これらのことをいくら自分でやっても、現状維持のお金しか生みません。それは誰がやっても同じもので自分でなくてもいい。会社の売上を10倍にする、という目標からすれば、自分がやるべきではない仕事だったのです。

だから、自分の「やるべきこと」の中から、そうした実務を徹底的に排除しました。

そうやって、やらなくていいこと、やるべきでないことをどんどんリスト化していきます。

やらないことを書き出して把握していくことで、それまで漠然としていたものが、文字という形で明確になり、視覚的にも強く認識できるようになるのです。

第4章

今こそ、あなたの目標&願望を叶えるとき!

あなたがやるべきでないことはほかの人に振ってしまおう

前章で、あなたの目標達成のために「やるべきこと」「やらなくていいこと」を明確にしました。

ただ、あなたにとって「やらなくていい」「やるべきでない」ことでも、会社やチームという組織の中では、必要とされる仕事や作業であるのは当たり前です。

④他人に振るためのシステム構築（タスク分担）

やらなくていいものが明確になれば、それをどうするかを考えなければいけません。

自分がやらなくていい、やるべきでないと位置づけたものも、誰かがやらなければ全体の仕事は前に進みませんから。

つまり、「やらなくていいこと」も、誰かがそれをやらなければ業務全体や組織が前に進まない事柄なのです。

そこで、そうした仕事を誰に任せるか、誰に振り分けるかを考える、つまり仕事の仕組み、システムづくりを進めていく必要があります。いわゆる「タスク分担」を構築していくわけです。

各々の役割分担を明確にして、最適な業務環境を先に作らなければ、おそらくあなた自身もやりたいことに集中できません。

目標達成のために、どこまでも個人主義を貫くことは実は必要なことなのですが、それに終始していては同時に大きなリスクを抱えてしまうことにもなりかねないからです。

ですからタスク分担は、あなた自身の目標達成のための重要なプロセスのひとつということができます。

タスク分担で自分の時間を確保しよう

ちなみに私の場合は、自分の「やるべきこと」の中から実務を排除しましたから、それに該当する設計や図面作成業務については、協力会社を見つけて任せていきました。

やや難易度の高いものは協力会社に振って、そうでないものは若い社員に委ねる。一つ

■現地踏査

道路台帳平面図の入手（小川・松本・協力会社） 3.0 ［12/6］

■予備設計（松本・協力会社・小川）

11/26 ⇒協力会社の手配
・協力会社①
・協力会社②
・協力会社③

業務計画書修正＋記録簿（第１回）（松本） 7.0 ［1/8］

整備計画の検討（松本・小川） 30.0 ［1/8］

必要な情報：本庁の整備計画

過去の警察協議の記録簿

基準ガイドライン

現地踏査

現況平面図、横断図（測量成果） 3.0 ［1/8］

別業務の資料交通量（車両、歩行者）単路・交差点部 1.0 ［1/8］

（入手時期を確認し、可能な限り早める対策をする）

他事業（関連する）の内容、工程、範囲に関する資料 0.0 ［1/8］

比較検討表の作成（松本・小川・協力会社） 7.0 ［1/29］

概略図　経済性

安全性　施工性（規制）

構造令　総合評価

移動円滑性

検討条件の整理 15.0 ［1/29］

一覧表形成→計画の経緯、条件を記載する（課題の整理）

・今後の課題、留意点

関係機関協議資料の作成（松本・小川・協力会社） 7.0 ［12/18］

一覧表を作成→協議概要、決定事項を時系列で整理 7.0 ［12/18］

本庁協議（パース作成）外注費決定 7.0 ［12/18］

東京国道との協議 7.0 ［12/18］

警視庁協議 7.0 ［1/29］

■その他

記録簿作成（松本・小川）

第１回 3.0 ［11/18］　第２回 3.0 ［12/6］　第３回 3.0 ［1/8］

第４回 3.0 ［1/29］　第５回 3.0 ［2/23］　第６回 3.0 ［3/8］

報告書取りまとめ、電子データ整理、紙ベース報告書の整理とりまとめ 14.0 ［3/8］

表紙、目次、資料様式の作成（松本・その他） 3.0 ［3/8］

著者作成

図4　タスク分担リスト（例）

【自転車走行空間整備予備設計（仮称）　タスク分担リスト】（例）

路線名と延長
403号　L＝170m
10号　L＝640m
482号　L＝1200 m

■測量作業

協力会社との打合せ　11/26　14:00

●業務計画書の抜粋　　　　凡例：**自分の作業時間**　**[期限]**

依頼内容：

・見積書（協力会社）　0.0　[12/1]
・再委託申請書（松本）　0.5　[12/4]
・測量作業計画書（協力会社・松本）→外業・内業期間の確認　4.0　[12/6]

測量成果：現地状況図（台帳平面図を利用、写真を貼る）（協力会社・松本・小川）　7.0　[1/8]
・現地状況カルテ（現況差異の箇所）協力会社の意見・確認
・現状横断図（1/100）
・現状平面図（道路台帳の電子データを入手）（1/500）横断図（1/60）案内図付
※11/24（火）に一報を入れる（催促）

・測量作業計画書（協力会社・松本）
・求積図、区画線図、道路構造物図、現況数量計算書、現況規制図

道路使用許可申請（松本・協力会社）　1.0　[12/4]
測量成果の確認→協力会社に確認 11/26　7.0　[12/6]
作業計画の確認のための打合せ　4.0　[12/6]
測量成果の報告・打合せ　4.0　[1/8]
身分証明書申請書（松本　　）　0.5　[12/4]

○業務実施計画の作成
全体外注費計画の決定
（見積の入手）
・測量
・道路予備検討、図面作成
・パース作成
・成果作成
・業務指導・補助（小川）
○担当者のハード費用
（時間）計画の決定（案）
松本　（10日）
小池　（5日）
照査技術者　（2日）

■既存資料・基準類の収集整理（松本・小川）

一覧表作成・東京都自転車空間推進計画　2.0　[12/4]
・自転車ガイドライン
・本庁の整備計画

別途発注業務資料の収集整理　2.0　[12/6]
・交通量調査（自動車、自転車、歩行者）単路部、交差点部
・駐停車調査

他事業の情報、資料の入手（内容、工程、範囲等の確認）　[12/6]
・道路増員（歩道）、交通規制（左折禁止等）信号現示
・交差点交通量調査箇所の確認（**※11/24に一報**）する
・設計範囲（起点、終点のキロ程）
・路面表示、規制標識、支障物件（バス停、地下鉄出入口）、路上施設
・現地写真撮影
・写真帳の作成

図5　タスク分担フローチャート

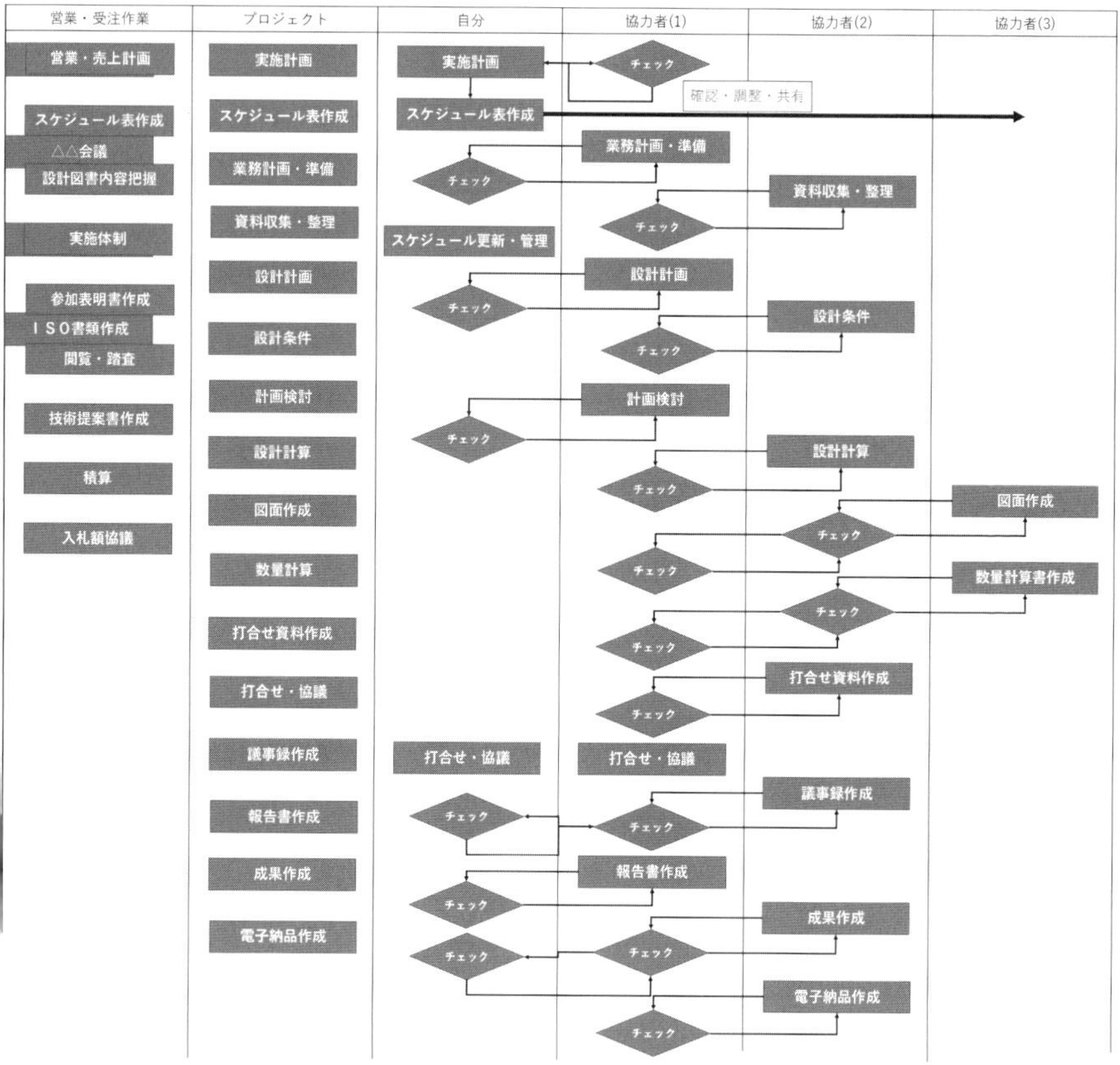

著者作成

ひとつの仕事を誰に振るか、すべてリスト化したわけです（図4、図5）。

経営者によっては、「そんなことをしたら、協力会社への外注費で利益が減るのでは？」などと考えてしまうかもしれません。

でも、プロジェクトごとに外注費の大枠はあるはずで、普通は予算の3割などのコストが確保されています。その枠内で効率的に仕事を振ることを考えるのです。もしも外注費が予算をオーバーするようなら、なんとか社内で完結する必要もあるでしょう。

ただ、外注費3割を厳守（節約）するよりも、新規顧客を集めた（新規顧客と契約した）ほうが何倍も利益が大きくなり、長期的に見ても、売上低下のリスク回避にもなることはまぎれもない事実です。

ともかく、ここでは「やらないこと」を明確化したうえで、実際に自分ではやらないことが重要なのです。

やらないことを作り、やるべきことができる時間を確保して、それによって新たな売上を作ることが目的です。コスト負担が少しは増えることも織り込み済みで、システム構築を考えるべき。それもひとつのタスク分担であり、社内の新たな仕組みづくりなのです。

第4章

私は半年で3億円を売り上げたとき、協力会社に仕事を出し過ぎて外注費が見込みよりオーバーして社長にぶつぶつ言われましたが、そうやって結果を出していたから大きな問題にはなりませんでした。

経営者にとっては、そうした覚悟も必要になると思います。

もうひとつ、大切なことがあります。

自分にとって「やらなくていいこと」を担ってくれる協力者は、自分の仕事を代わりにやってくれる大切な存在です。ですから、彼らに対しては感謝の気持ちしかありません。

自分の目標達成のために協力してくれる人たちですから、私にとっては現実的な本当のヒーローであり、常に感謝の言葉をかけるべき存在なのです。

実際に私は、後輩や同僚、外注会社のスタッフの人たちにも「ありがとう」という言葉を積極的に伝えていきました。そうした心遣いも、目標達成には必要と言えるのです。

⑤ スケジュール管理表の活用

目標達成にはスケジュール管理が不可欠

普段、仕事をしていくうえで、自分の時間の使い方は常に目標を達成することにつながっていなくてはなりません。

そして、たとえゴール（目標）を設定しても、今自分がいる場所がわからず、ゴールも見えなければ、人は必ず迷ってしまうものです。

さらに、ゴールまでの行く手に障害があればなおさらです。それでは目標に到達する可能性は大きく低下してしまいます。

例えば、オリエンテーリングを経験したことのある方もいると思います。

「目的地は山の頂上ね」

そう聞いて、1人ずつ出発していきます。ところがあなたは目標を見失ってしまい、気がついたらどこかの森の中でした。

誰かと協力することはできず、しかも、周囲は木々に囲われているだけで、どちらが山頂なのかもわかりません。

目標達成に失敗する人は、まさにこうした状態にあります。

その際に必要となるのは、現在地と目的地が示された地図やコンパスでしょう。その通りに行けば目的地にたどり着く。行き先を明確に示してくれる道標があれば、あなたは救われます。

工程管理において、そうした地図やコンパスの役割を果たすのが「スケジュール管理表」（管理表、いわゆるバーチャート）と呼ばれるものです。

これを作成する目的のひとつは、今いるあなたの場所を明らかにして、見えないゴールを可能な限り見えるように照らし、正しいコンパスとして使えるようにすることです。

目標をうまく設定できたにもかかわらず、途中で挫折してしまうことの原因のひとつに、このスケジュール管理の問題があります。スケジュール管理表をうまく使いこなせないために、明確な道標が得られず、目標達成の前に頓挫してしまうのです。

もうひとつの目的は、目標を達成するために日々のスケジュールをチェックしながら、達成度を測ることです。あなたがいる場所は、時間や日を追うごとに変わっているのですから、立ち位置を常にチェックする必要があるのです。

つまり、このスケジュール管理表を上手に使いこなすことで、目標達成をより確実なものにしていくことができるわけです。

スケジュール管理表に「締切り」を入れると世界が変わる

土木建設業界で特有なのが、このスケジュール管理表です（図6）。土木建設の世界で実際に活用されるバーチャートを使って、目標達成に向かううえで重要な「スケジュール管理」についての考え方を説明しましょう。

これは、もちろん実際の土木建設プロジェクトにも使えるノウハウですし、同時にこの本のテーマとして説明している「人生変革プログラム」のメソッドとしても応用できます。

このスケジュール管理表を見ると、ある重要な事柄が記されていることに気づきませんか？

スケジュールの中に「具体的な打ち合わせの日付」が入っています。

たったこれだけのこと？　と思う人がいるかもしれませんが、実はこれが非常に重要な意味を持っています。あなたの目標につながっている「やるべきこと」に、期限が設けら

図6　スケジュール管理表の作成例

業務名	●●道路予備設計(仮称)
設計会社名	株式会社 ●●●●
契約額	¥**,***,***
管理技術者	●● ●●
担当技術者	●● ●●
照査技術者	●● ●●
発注者側担当者(1)	●● ●●
発注者側担当者(2)	●● ●●

現在の状況	業務計画の報告・確認
現在の課題、問題	既存資料の収集、現地状況の確認
当面の目標、予定	既存資料収集整理、課題抽出、設計条件の整理、現地踏査、測量作業計画
次回打合せ	(案)12/6(金)測量作業計画の確認

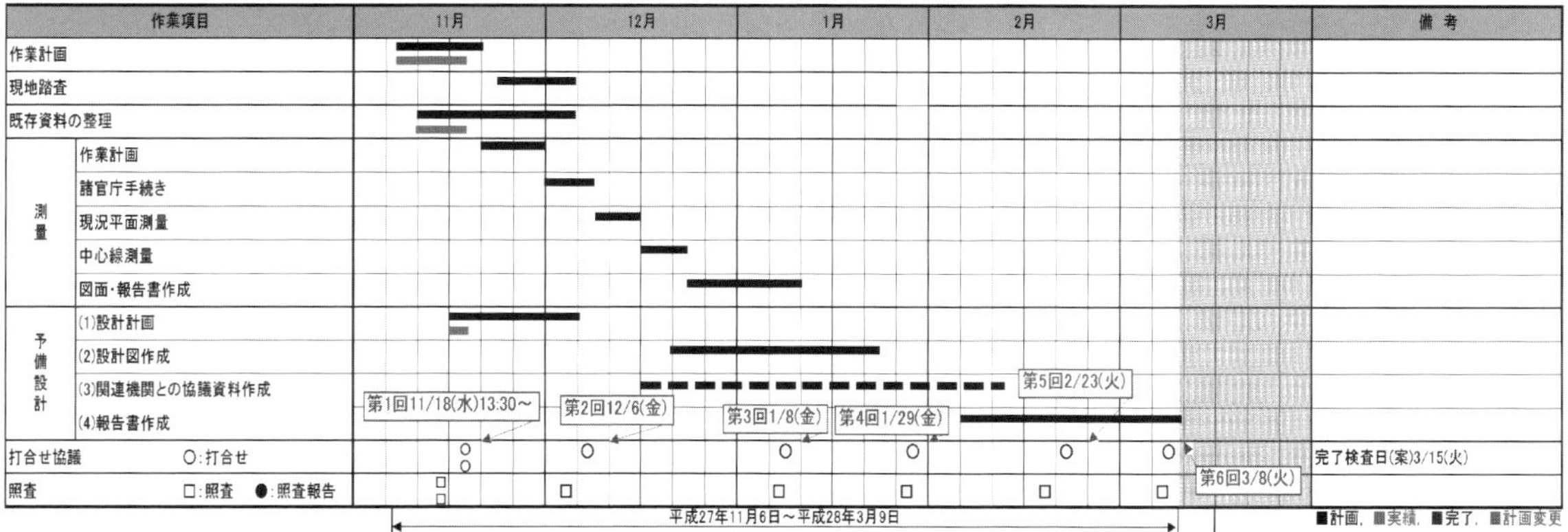

着手日	作業事項(タスク)	作業者 発注者	作業者 受注者	期限	状況	今後の検討事項・課題・目標 内容	今後の検討事項・課題・目標 予定	懸案事項	解決策等
11/6	業務計画書作成	○	●	11/20	提出・確認				
11/10	既存資料収集・整理	○	○	12/5	資料の借用依頼				
11/15	課題の抽出・整理	○	○	12/5					
11/15	設計条件の整理	○	○	12/5					
11/24	現地踏査	○	○	12/5					
11/20	測量作業計画	○		11/30					
12/7	測量	○		1/10					
	設計計画	○	○	−					

著者作成

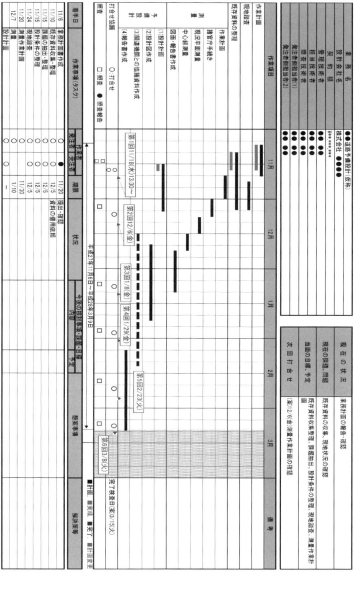

れているからです。

ここには工程管理の改革につながる、大きな意味合いが込められています。

それは、あなたが何よりも優先すべき、目標につながっていることをやる。時間の価値を自ら決めていることと同じなのです。

つまり、目標達成のための本当のスケジュール作成と管理方法を得ることができるということです。

スケジュールの中に、具体的な日付を入れる。つまり、工程の中に「締切り」を設定するわけです。「締切りは、人類が生んだ偉大な発明である」（ダン・ケネディ）です。

実は、このスケジュール管理表にあらかじめ打ち合わせの日付を入れる習慣は、土木建設業界では、まったくといっていいほどありません。

簡単なことのようで、実は多くの建設コンサルタントがやり切れていないのです。

理由は簡単です。日付を入れてしまうと、当然ながらその日までに予定の作業を完了しなければならず、自分にとってのプレッシャーになってしまうからです。

もしも、その日までに作業が完了しなければ、業者にとっては大きなマイナスになりますし、建設コンサルタントとしての責任問題にもなりかねません。ですから、そんなリスクを負うことは、できるだけ避けたいという思いがあるからです。

発注者は締切りを設定してもらいたい

あなたは、スケジュール管理表を作成した時点で、すべての打ち合わせ日を決めていますか？　資料完成の目途が立たないと、打ち合わせ日時を決められないと思っていませんか？

もしそうならNGです。

発注者は口には出しませんが、心の中では「そんなことも決められないのか」と思っています。

土木業者の発注者の人から聞いた実際の話ですが、自治体の経営計画課や道路管理課などの発注者、つまり担当者は、実はお尻をたたいてもらいたいのです。スケジュールの中に締切りをきちんと設定して、作業の区切りを明確にしながら、打ち合わせの日にちをしっかりと決めてもらいたいと考えているのです。

それなのに、業界で作成されているスケジュール管理表では、こうした締切りを入れないのが普通になっています。

誰しもプレッシャーのかかるようなことはしたくありません。守れなかったときに困るから、それはできるだけ避けたい、逃げ道を作っておきたいと思いがちです。

ですから、例えば1週間前くらいになって、終わりそうな日が見えてきたら、その日を打ち合わせに設定して、自治体の担当者に「○○の日、空いていますか？」と聞いていくのが普通です。

でも、それではダメなのです。いっこうに生産性が上がることはありません。すでに最初の段階から、工程管理ができていないからです。

締切りを入れることの重要性を知ろう

私は、スケジュール管理表を作る際に、最初にこの日付を入れていきます。しかも、これ以上ないというほど明確に、です。

つまり、「締切りの日付」を当初から明確にスケジュール管理表の中に入れていく。工程管理において、このことは非常に重要です。

第4章

クライアントとの打ち合わせの日付を入れる。そこから、工程管理のすべてが始まります。

自分で締切り日を設定する。いわば自分で自分の締切りを作るわけです。

これは、人から与えられた締切りではありません。自分の意志で、自ら設定するものであることが重要なのです。そのことによって、「やらされるもの」から「自ら実行する」という能動的なものになり、同時にその日付が「目標」に変わるのです。

自ら立てた目標に向かって前向きに工程を刻んでいくことは、確固たるモチベーションにもなり、同時にクライアントである役所の担当者にも、仕事への熱意となって必ず伝わります。

多くの人は、締切りを設定することはしんどいので、自ら設定したくない。でも締切りを設定することが、発注者をコントロールする、社内のスタッフをコントロールする、といったことにつながるのです。締切りを設定することは、目標に到達するためであるのはもちろんですが、自分の価値を上げるためにも必要なことです。

クライアントからの信頼を得ることで、プロジェクトについて、自分が思ったように案件をコントロールできるようになる。その結果、次の仕事で受注しやすくなりますし、言うまでもなく、売上を増やしていくことにつながるのです。

つまり、技術のレベル、スケジュール管理表に日付を入れるだけで技術提案のクオリティが上がり、技術者としての評価がアップし、グレードや価値も高まります。

発注者に対して、こちらが有利な立場に立って交渉できるようになれば、こちらのもの。より高い工事案件が取れるようになっていくのです。

締切りが守れるかどうかなど心配しない

締切りの日付を入れることに対して、「下手に入れてしまうと、守れなかったときのリスクが心配だし、そうなったら約束違反になって大変だし、怖い」という声を聞きます。けれど、私はいつもこう言います。

「日付を書かずに提出して得られる利益より、日付を入れて、それを実践することで得られる利益のほうが圧倒的に大きいんですよ」と。

あなたの頭の中には、おそらく締切り日やスケジュール管理のイメージは必ずあるはずです。

でも、それを頭の中に留めたままにしておくか、思い切って表に出していくかで、あなた自身の行動や、周りの評価が一変します。

決して難しいことではありません。スケジュール管理表に、打ち合わせの具体的な日付を入れる。そして、作ったスケジュール管理表をすべての人にアナウンスするのです。すべての人とは、担当者と発注者、プロジェクトに携わっている部下や協力者、すべてです。全員がその日に向けて、やるべきことを進めてもらうことになります。

つまり、自分の目標達成に向かうスケジュールを、対外的に広く宣言して、明確にコミットするわけです。

人生の目標を達成するための「スケジュール管理表」

土木建設工事に関するスケジュール管理表で、締切りの日付を入れることの大切さを説明しましたが、「これは人生の目標や願望を達成するためにも有効なメソッドである」ことに気づくはずです。

あなたの立てた目標に向けて、やるべきことを明確にした後、それを実践していく段階的なイメージをできるだけ明確に、あなた自身の「人生のスケジュール管理表」に落とし込んでみてください。

そのサンプルを、紹介します（図7）。

百聞は一見にしかず、です。こんなふうに、あなたの目標達成スケジュールを明確にして、ぜひ自ら設定した「日付」を強く意識しながら、仕事を進めてください。

⑥ToDoリストで15分単位のタイムマネジメント

「15分単位ToDoリスト」の実践こそ目標達成のカギ

固い意志のもとで、自らスケジュール管理表を作成しても、いざとなると行動が伴わない……という方々は、やはり一定数おられます。

私も最初は揺らぐ気持ちもありました。自分にプレッシャーをかけても、それに打ち勝てなければその先の風景は見えてきません。そこで、私が毎日の行動に活かすことにした

締切 / 開始	実行内容
2018.5.31	情報収集
2015.4.1	
2015.6.16	
2018.5.31 (2021.5.31)	単価を上げる
2018.5.31	毎日集客（ランディングページ作成、メール、電話、会社訪問、FAX のいずれか最低 1 つを実行)､､広告作成、出版
2020.12.31	協力者リスト作成、アプローチ
2018.5.31	女性スタッフの活用
2027.5.31	
2025.5.31 (2027.5.31)	
2018.4 ～	
2021.5 ～	
2013.2.6 ～	皿洗い、洗濯、風呂掃除、ゴミ捨て、掃除機
2015.4.1 ～	1 つの用事で出張しない。必ず複数の用事に計画を立てる。
2015.4.1 ～	遊びだけで旅行はしない。必ずビジネスを絡める。
2018.5.31 (2020.12.1 ～)	テキスト作成
2021.5.31	価値の分配
2021.6.1 ～	毎日セルフイメージトレーニング、早く・簡単に目標達成
2021.6.1 ～	価値の分配
2022.5.31	価値の分配
⋮	⋮

著者作成

図7　ライフプラン・スケジュール管理表（例）

プロジェクト名	目標達成プロジェクト
所属	株式会社川越コンサルタント
現在の目標売上げ額	13000万円（建コン事業）　顧客50人
管理・担当者	○○　○○
プロジェクト期間	2013.4.1～2018.3.31

	戦略	目的／補足
年収	リソース、協力者、情熱	8500万円
独立	協力者、情熱、行動計画	
会社設立	協力者、行動計画	
売上げ	マーケティング、パラサイト	24000万円（10億円）
顧客数	セールスレター、広告、電話、会社訪問	100人（最終10000人）
企業規模	JV、協力者ネットワーク	社員10人
CVアップ	営業強化、協力者、リソース	5%以上
企業資産	PM技術コンテンツ、新規事業	100億円
個人資産		5億円（50億円）
年2回の長期旅行		生産性、集中力UP
各地に事務所を保有		生産性、集中力UP
家族関係	家事	良好な家族関係
好きな時に好きなだけ好きな場所で働く		生産性、集中力UP
好きな時に好きなだけ好きな場所で遊ぶ		生産性、集中力UP
顧客の人生を変革させるサービスを構築	顧客コミュニティの構築	プロジェクトマネジメント技術（プログラム化・販売）
		顧客数5000人
心理学を発展させる	セルフイメージトレーニング	研究費1億円、スタッフ5人
技術者起業プログラム販売	顧客コミュニティの構築	既存顧客の10%
		10%の顧客の人生を変革させる
⋮	⋮	⋮

図8　ToDo リストの作成例

時給：18000 円
分給：300 円

		予　定	実　績
A	移動	（1H）7:30 - 8:30	1H, 7:30 - 8:30,（0.5H）
B	準備	（0.5H）8:30 - 9:00	0.5H, 8:30 - 9:00,（0H）
C	●●の作業	（1.5H）9:00 - 10:30	1.5H, 9:00 - 10:30,（1.0H）
E	電話、メール、問合せ対応	（0.5H）11:30 - 12:00	0.5H, 11:30 - 12:00,（0H）
D	△△の作業	（1H）13:00 - 14:00	1.5H, 13:00 - 14:30,(1.0H)
I	電話、メール、問合せ対応	（0.5H）16:30 - 17:00	0.5H, 16:30 - 17:00,（0H）
J	翌日の TO DO リストの作成または見直し	（0.5H）17:00 - 17:30	0.5H, 17:00 - 17:30,(0.5H)
K	移動	（1H）17:30 - 18:30	1H, 17:30 - 18:30,（0.5H）

1 日の合計　予定（9H）実績 10H
生産的な時間● H, 非生産的な時間△ H,
生産性達成度：● H/10H × 100 =○%≅ 50%
プロジェクト　A 作業進捗 50%，達成基準 50%

コメント
・電話，メールをまとめて確認・対応することにより非生産的な時間を減らせた
・合計時間の実績が予定より多かった。要改善策を検討

※これに費やした時間に自分の時給、分給を掛けてハード費用として記録する
※自分のハード費用に対する得られる金額を比較して生産的か、非生産的か、を判断する

著者作成

のが、このツールです。

ぜひ活用してもらいたい、毎日、1週間の「ToDoリスト」です（図8、図9）。

スケジュール管理表で作った工程に準じて、やるべきことを進めていくわけですが、細かなやるべきことを見える化するのが、図10の「15分単位ToDoリスト」なのです。

そもそもToDoを英語で直訳すると「やること」。そこから「やるべきこと」へと意味が転じていったものです。

自身の目標達成のために、や

図9　1週間 TO DO リストの作成例　2020年1月

月曜日	火曜日	水曜日	木曜日	金曜日	土曜日	日曜日
30	31	01	02	13	04	05
06	07	08	09	10	11	12
13	14	15	16	17	18	19
20	21	22	23	24	25	26
27	28	29	30	31	01	02

27日　月曜	28日　火曜	29日　水曜	30日　木曜	31日　金曜	2/1日　土曜	2/2日　日曜
・ ・ ・	・ ・ ・	・作業(1)締切り ・ ・	・会合 ・ ・	・営業 ・趣味 ・	・ ・ ・	・作業(2)締切り ・ ・
5 シャワー	5 シャワー	5 シャワー	5 シャワー	5 シャワー	5 シャワー	5 シャワー
6 打合せ資料	6	6	6	6 執筆	6 スケジュール	6 執筆
7	7	7	7	7	7	7
8 休憩（1.5H）	8 休憩（1.5H）	8 休憩（1.5H）	8 休憩（1.5H）	8 休憩（1.5H）	8 休憩（1.5H）	8 休憩（1.5H）
9 作業(1)(A)（1.5H）	9	9	9 移動（4.5H）	9 移動	9	9
10	10 作業(1)(A)（2.5H）	10	10 東京駅 10:30	10 打合せ 10:00～	10 作業(4)(A)（2.5H）	10
11 アポ電(A)	11	11	11	11 （1.5H）(B)	11	11
12 休憩（1.0H）	12 休憩（1.5H）	12 休憩（1.5H）	12	12 休憩（1.5H）	12 休憩（1.5H）	12 休憩（1.5H）
13 作業(5)(B)（2.0H）	13	13	13 岡山駅 13:20	13 作業(3)(B)（2.0H）	13	13
14	14	14	14 ホテル	14	14	14
15 休憩・家事	15 休憩・家事	15 休憩・家事	15 資料作成(A)	15	15 休憩（0.5H）	15 休憩（0.5H）
16 作業(5)(C)（2.0H）	16	16	16	16 営業(A)（1.5H）	16 作業(2)(C)（2.0H）	16
17	17	17	17	17	17	17
18 家事・休憩（2.0H）	18 家事・休憩（2.0H）	18 家事・休憩（2.0H）	18 **会合(B)**	18	18 休憩（2.0H）	18 休憩（2.0H）
19	19	19	19	19 趣味（4.0H）	19	19
20 スケジュールチェック	20	20	20	20	20 スケジュールチェック	20
21	21	21	21 就寝	21	21	21
22	22	22	22	22	22	22

著者作成

るべきことを明確化してリストアップし、それを毎日のスケジュールの中で細分化して示したものが、このＴｏＤｏリストです。

すでに、ＴｏＤｏリストを使っている方もいらっしゃるかもしれません。使っている皆さんは、きっと、目標を達成する術をわかっているのだと思います。

もし、ＴｏＤｏリストを使用しているのに思うように目標達成ができていないとしたら、ＴｏＤｏリストの本当の意味、使い方を理解していないのではないでしょうか。

「スケジュール表」と「ＴｏＤｏリスト」を上手に使用して、ご自身にとって必要かつ不可欠な行動を、優先的に行っていく必要があります。

ＴｏＤｏリストは自分との約束を守るためにある

時間管理のシステムは、リストを作って活用することに尽きます。いろいろな面で飛躍的に効果を上げることのできる時間管理のシステムは「ＴｏＤｏリスト」です。

ＴｏＤｏリストは「やるべきこと」を分単位で振り分け、１日単位、週単位でまとめて作成します。起きてから寝るまでの間が対象です。

しかしながら、本当に効果のあるＴｏＤｏ（実行内容、優先順位、時間、達成基準）の使い方を知っている人は多くありません。ToDoリストを活用しているという人も、いわば「やっても、やらなくてもいいリスト」になっていることがほとんどです。

つまりToDoリストは、他人との約束やアポイントメントを取るためではなく、自分自身との約束、言ってみれば「セルフ・アポイントメントを取るため」に使う、と考えることが重要なのです。

きっとはじめのうちは、このようなリストに息の詰まる思いをするでしょう。しかし、実際にはリストに慣れると、精神的に解放されることがわかるはずです。詳しく紙に書くほど、覚えておくという気苦労がなくなり、もっと重要なことや仕事に集中する気持ちのゆとりも生まれます。少なくとも1週間に1回はこのリストを見直し、計画通り実行しているかをチェックしてください。

目標達成のための「15分単位ToDoリスト」の作り方

では、自分の「やるべきこと」を示すToDoリストとはどういった内容のものか、具体的に見ていきましょう（図10）。

1日目

15分TODOリスト1日目

18:00　夕食・休憩	0:00
18:15	0:15
18:30	0:30
18:45	0:45
19:00	1:00
19:15	1:15
19:30　準備	1:30
19:45　情報収集	1:45
20:00　社員との業務連絡（0.5H）	2:00
20:15	2:15
20:30	2:30
20:45	2:45
21:00	3:00
21:15	3:15
21:30　スケジュール（1.0H）	3:30
21:45　チェック、調整	3:45
22:00	4:00
22:15	4:15
22:30　就寝	4:30
22:45	4:45
23:00	5:00
23:15	5:15　起床　　シャワー
23:30	5:30
23:45	5:45

〇メモ

優先度A　〇〇作業　～7/10	〇/〇　〇〇様にTEL
優先度B　〇〇作業　～7/18	明日　〇〇人に広告メール
優先度C　△△作業　～7/24	〇/〇　〇〇様に対面営業
優先度D　△△作業　～7/31	

著者作成

図10　15分刻みのToDoリスト作成例

1日目　　　　日付　○月○日

○TODOリスト（1日　OR　1週間）

自分への需要が自分の供給量を上回らせるために	●月●日までに売上3千万円を達成する
自分の日給は60万円である(にする必要がある)	顧客10人以上と契約する
自分の時給は20万円である(にする必要がある)	見込み客50人にメールして電話する
自分の分給は3340円である(にする必要がある)	技術提案書を5件作成する
	業界誌に掲載する広告を作成する
	○○学会に論文を出す
	顧客からの相談に対する解決策を3案作成する

15分TODOリスト（14日間）

6:00　論文作成 (1.5H)	12:00　昼食・休憩
6:15	12:15
6:30	12:30
6:45	12:45
7:00	13:00　準備
7:15	13:15　業界誌用広告案作成 (2.0H)
7:30	13:30
7:45　朝食・休憩	13:45
8:00	14:00
8:15	14:15
8:30	14:30
8:45　準備	14:45
9:00　技術提案書作成 (2.0H)	15:00　準備
9:15	15:15　顧客から受けた相談に対する
9:30	15:30　解決策を作成 (1.5H)
9:45	15:45　情報収集
10:00	16:00
10:15	16:15
10:30	16:30
10:45	16:45　見込み客に電話、メール (0.5H)
11:00	17:00
11:15　準備	17:15
11:30　見込み客にメール・電話 (10人)	17:30　家事　(1.0H)
11:45　(0.5H)	17:45

私の場合は、15分刻みでやるべきことを書いていきます。

1週間ごと、1日ごとのリストを作り、それを15分ごとに細かくしてブレイクダウンしたものです。

ちなみに、1日のほうを上にして、15分のほうを下にして表記します。

15分ごとにすることで、より細かく行動を明確化できます。すでに自分の「時間の価値」を算出していますから（リストの上段に記載しておきましょう）、さらに金額を換算すれば、15分単位の行動すべき内容も出てきます。

もっと言えば、1分間の自分の分給まで意識してもいいでしょう。そうやって考えて、15分単位の自分の時間の価値を意識しながら、実際の「やるべきこと」を決めていくわけです。

自分の時間価値をできるだけ細かなところまで意識していくためにも、より細分化された時間の刻み方のほうがいいのです。

そしてこのリストは、朝は6時から記入するようにしていますが、これは何も仕事に使うなかでのＴｏＤｏリストではありません。あなたの人生の目標に到達するために「やるべきこと」を明確化し、それを実践するためのＴｏＤｏリストです。ですから、起床して動き始めるときからの行動を明確にしなければならないのです。

5時起きの人は、もちろん5時からの時刻を明記していくわけです。

ＴｏＤｏリストは、自分以外の誰かに見せるものではありません。自分との約束＝セルフ・アポイントメントですから、自分で記入して、自分でしっかりと意識すればいいのです。

1日ずつ作る必要はありません。1週間分のＴｏＤｏリストを作成しておいてもいいですし、2週間先まで明確化できるのであればそれでもいいのです。自分との約束を見える化して、行動計画として落とし込み、それを必ず実践していくことが必要なのです。

ＴｏＤｏリストに記入すると、なぜか気分が軽くなる

ＴｏＤｏリストは、決して完璧でなくても構いません。

実際に自分で活用してわかりましたが、これはかなり大変な作業です。仕事が忙しく

なってくると、なかなかこの通りにはできなくなるものです。

あるとき私は、このＴｏＤｏリストを目の前にして、猛烈に「書きたくない自分」がいることに気づきました。リストに記入するという行動に対して、モチベーションがまったく上がらない。心に自然と壁を作る自分がいたわけです。

ＴｏＤｏリストを作るには、今の自分が担当し、抱えている、直面している仕事をすべてリストアップしないといけません。それをすべてイメージしたときに、もう気分が滅入ってしまうのです。このような15分刻みのＴｏＤｏリストを作成して実行することに対して「こんなきつい約束を自分とできるわけがない」と思うのです。

でも、騙されたと思ってぜひやってみてください。不思議なことに、このＴｏＤｏリストを書いていると、そんなふうに重かった気分がスーッと軽くなっていくのです。ＴｏＤｏリストに記入していくことで、どんどん気持ちが楽になっていくのです。

これは、やるべきことを書き出して整理することで、頭の中も同様に整理されていくからです。それまで頭の中でごっちゃになっていたモヤモヤが晴れてスッキリして、ストレスがなくなっていくのです。

それまでごちゃごちゃで整頓されていなかった部屋の中が、整理整頓されて片づけられ、あるべきところに収まってスッキリ整理される。『人生がときめく片づけの魔法』という本が売れましたが、まさに「やるべきこと」が整理されて片づけられ、見えるところに配置されて、いつでも取り出せるようになるという感覚なのです。

頭の中を断捨離すれば、気持ちも軽くなる。それまで頭の中に混沌と渦巻いていた、漠然とした不安感がなくなります。これは本当に私自身、不思議な感覚でした。

自分との約束は必ず実践する

頭がすっきりして軽くなると、自然と前向きな思考になります。思考に余裕ができるからです。

誰でも忙しいときや、仕事に追われて時間がないときは、マイナス思考で後ろ向きになるものです。否定的な自分が頭をもたげ、何でも「できない」ととらえがちになります。でも、15分単位のＴｏＤｏリストで整理することによって、思考が整理されて前向きになっていきます。

同時に、時間通りに作業を行う。それを自分との約束として実践する。その一つひとつ

第4章

が自分との約束であり、締切りです。それを守って実行することで、生産性は飛躍的に上がるわけです。

そうやって自分との約束、自分の日々の締切りを守っていくことで、かけがえのない自己鍛錬になります。そのことが、目標にどんどん自分を近づけているのです。

リストに書くものは、自分の目標到達のために明確化した「9つのやるべきこと」（94ページ参照）に紐づいていくものだけにするのが肝心です。リストの中に「やらなくていいもの」を入れてはいけません。

例えば、ＩＳＯの帳票を作ったり、役所に電話連絡をしたり、請求書を処理したりといった、どうしてもやらなければならない仕事もあるでしょう。それは誰かに振って、やるべきことができる時間をできるだけ確保するのです。

これは、「以前の自分」を管理するためのスケジュール帳ではありません。自分が目標に到達するために、こなしていくべき内容が記されたもの。だからこそ、目標に到達する自分をイメージして、ワクワクした気持ちで記入して、これを実践してもらいたいと思います。

ちなみに私は、この15分単位のＴｏＤｏリストを活用することで、午後3時には自分の

「やらなければならない仕事」は終わらせることができるようになりました。そしてそれ以外の時間で、会社の売上を10倍にするためのことをやっていました。

さらに、その時間をどんどん増やしていくことができたのです。このToDoリストを活用することで、不思議なくらい自分の時間管理がどんどん進んでいきました。

それまで、どれだけ自分がムダな時間を会社や仕事で費やしていたか。あらためてそのことを知り、愕然としたものです。

そして、作り出した時間で具体的に私が何をしたのか。

売上を上げる、つまり役所から案件を受注するには、競合他社よりも高い業務評価を受ける必要があります。土木建設業界の入札やコンペには、各社の技術的な点数をベースに、案件ごとの見積もり金額などを加えた総合評価で仕事を受注できる仕組みがあるのです。

しかも、各社ごとに算出された「技術点」の占める割合が高いのが特徴です。そのため、自社の技術提案書の質を上げることに徹底的に注力しました。それにかける時間を確保できるよう、仕事の工程管理を進めていったのです。

そうやって、自分にとっての「やらなくていいこと」を排除して、自分にとっての「やるべきこと」に注力した結果、半年で12件の案件を受注し、3億円の売上を実現したわけです。

第4章

そのとき、目標に向かう中で「自分がやるべき3つのこと」（94ページ参照）を意識していなければ、決して実践は伴いませんでした。

3つを書き出して、それをさらに細分化していけば、やるべきことは具体化され、実践しやすくなります。それを毎日徹底して行えるか否かが、あなたが目標にたどり着くための答えになるのです。

第5章

目標に到達する人になるための「3つのシート」

①強み発見シート、②幸福感要素分析シート、③目標実現チャート

①強み発見シート　自分の「強み」を認識していくための実践活用シート

目標の達成には、自分だけでなく協力者の人も同じ目標を設定して、それぞれが自分と同じ考え方で動いてくれることがベストです。

そして自分の強みをしっかりと認識して、相乗効果を出せる人を協力者に据えることも必要でしょう。つまり自分の強みを活かせば、もっと楽をして目標を達成していけるのです。

そのためにも、まずは自身の「強み」をしっかりと認識することが非常に重要です。強みを見つけるためのツールは、実は社員や部下、協力者の人たちにも、同じように使っていけるものなのです。

私たちは、自分がワクワクすることに関しては、とんでもなく集中力を発揮し、難しい

仕事でも、あっという間にこなしてしまいます。

つまり、あなたもワクワクする仕事を見つければ、集中力によって作業は何倍にもアップするのです。

各々の目標到達のために、まず経営者が指導すべきは、従業員一人ひとりのワクワクする夢を聞いてあげることです。

それをまとめたのが「強み発見シート」です（図11）。

強み発見シートは、次のように作ります。
①自分の失敗と成功体験のリストを作る
②体験ごとに自分がどう思ったかを書く
③自分の知識・経験・資格のリストを作る
この3つの作業を行うことで、自分の成功・失敗のパターンが見えてきます。

さらに、現在の自分に不足している知識や経験、スキルも含めてリストアップしておきます（図12　強み・弱み分析シート）。

成功パターンだけをリストアップし、自分が今やっている仕事の中で、成功パターンをどう活かしたらよいかを考えるのです。

●成功体験リスト

	失敗体験	ストーリー	そのとき思ったこと 感じたこと
1			
2			
3			
4			
5			
6			
7			
8			
9			
10			
11			
12			
13			
14			

著者作成

図 11　強み発見シート

強み発見シート (1)

●失敗体験リスト

	失敗体験	ストーリー	そのとき思ったこと 感じたこと
1			
2			
3			
4			
5			
6			
7			
8			
9			
10			
11			
12			
13			
14			

図12　強み・弱み分析シートの作成例

強み分析シート
●自分が保有している知識、資格、経験のリスト 運転免許、…… 中学生ソフトボール強化選手に選抜。強豪校からのスポーツ特待生の依頼を断った 旅行専門学校卒業、ＪＲ東海入社・新幹線パーサーとして接客の経験 別の会社で経理を担当 自分が働いている業界の顧客の悩み、ニーズ 心理学の知識（独学）、マーケティングの知識（独学）、経営の知識（独学）

弱み分析シート
●自分が過去よわいと思ってきた知識、スキル、失敗経験 顧客に対する知識不足や情報不足で集客がうまくいかなかった…… 組織の中ではストレスを感じやすい ほかの人に任せるスキル 大勢の前で講演するスキル

著者作成

自分の得意なことと苦手なことを知ろう

私は、資料を作ることが得意です。

例えば、新しく道路を作るときに、土地の勾配や道路の幅に合わせて設計図を作ります。そのための資料を集めて整理し、報告書を書くのが得意なのです。

私の場合、ストレスなくそれができます。自然と集中できるのです。苦もなくできることから、それは自分の強みだと認識できます。

一方で、私が苦手なのは、実際の図面作成（CAD作成）です。

資料作成では、これまでに数々の成功体験をし、図面制作では、いくつか失敗した経験があります。きっと細か過ぎる作業のため、自分に合っていないのです。

こうした仕事はほかの人にやってもらっていました。逆に、うまく資料を作れることに対しては自信を持ちました。

情報を集めることに関しても、得意です。お客さまの困っていることや欲しいことを聞いていくというのも得意でした。それもひとつの情報収集です。

例えば、役所からテーマが出され、プロジェクトや案件を効率的に行うための施策を提案書に書いてください、などのテーマや課題が提示されます。

そのとき、相手の担当者が心地良いと感じる、楽ができるという提案をすることが実はとても大事で、そうした観点で提案書を作る業者はほかにいませんでした。

相手が直面する課題の解決や、仕事が楽になるようなことをピンポイントで提案する。それができるかどうかがとても大事なのです。

ほかの業者は、いかに自社の技術力が優れているかということだけを列挙します。でもそんなものはほとんど差がありませんし、担当者はこれまで何度も目にしているものなのです。

そうではなく、担当者の心に響く、いわゆる「刺さる」提案書をいかに作成できるか。そのための情報収集をして、その中身を見極めるのが私はとても得意だったのです。

自分の強みに気がついた私は、公共の土木設計事務所に営業へ行く際に、自分がいかに情報収集力に長けているか、道路工事がうまくいく報告書を作れるかをアピールし、その結果、仕事の受注率が3倍に増えました。

誰しも得意なこととそうでないことがあり、それに付随する成功や失敗をいくつも重ねています。それをひとつずつ書き出して、リストにしてみてください。

成功や失敗などの体験例から共通項を抽出する

人は、自分のたどってきた人生について、細かなエピソードは意外なほど覚えていません。起こった出来事やトピックスについて、細かな自己分析をしている人は、ほとんどいないと言ってもいいのではないかと思います。

そこで、自分自身の成功や失敗などの「体験リスト」を作ることをおすすめします。そうすることによって、自分自身の、ある共通項が見えてきます。

どのような事柄での成功例が多いのか。成功したときに何を考えていたか。どういうプロセスをたどったから成功したのか……。その一つひとつを明確にすれば、いずれにも共通したものが見えてきて、それが自分の強みとして発見され、認識できるのです。

ほかにも自分が受けてきた教育や環境、さまざまな要素が挙げられます。

こうしたファクターも踏まえながら、自分の成功の共通項が見えてくれば、これから目標に向かううえでの強みやパターンとして活かしていくことができます。

第5章

逆に失敗経験の共通項からも同様に、自分の弱みが認識できます。目標を目指す過程においては、いくつかの障害がどうしても出てきます。その多くは、自身の弱みに基づくものであることが多いため、避けるための指針とする意味でも、ウィークポイントを知っていることは大事なことなのです。

ただし、弱みを直そう、ということまで考えなくても構いません。それは時間のムダです。そんな時間は、長所や強みを伸ばすほうに使えばいいのです。

強みを発見した後は、その強みを目標達成のために活かすことがとても重要です。私も自分の強みをそうやって認識し、売上を10倍にするという目標に向かって徹底的に活用していったのです。

② 幸福感要素分析シート 「何に幸福を感じるか」を導き出すためのツール

言うまでもなく、何をもって幸福だと感じるか。お金や地位、名誉や社会貢献、または自身の健康……。まさに十人十色です。そして、自分にとっての「幸福感」の源泉は、そのまま自身の願望成就の中身に直結することが多々あります。
この「幸福感要素分析シート」は、あなたの成功へのモチベーションとも言える、「何に幸福を感じるか」を導き出すためのツールです（図13）。

自分にとって幸福に感じるのは、経済的なものか、健康であることなのか、また生きがいを見つけたときか……。そうした心の源をたどっていくことで、あなたの目標達成や願望成就のベクトルを方向づけることができるのです。

シートに3つの要素を掲げ、しかもその3つのうち、どれが大きいのか。それぞれ、丸の大きさでそれを推し量っていきます。
ちなみに私の場合は、健康よりも「生きがい」「経済」でした。

さらに、下の欄に、具体的に自分にとっての生きがいとは何かを箇条書きにしていきます。各項目で自分の定義づけをしていくことで、それを目標に置き換えていきます。
自分が大事にする価値観がどこにあるかが明確になれば、あとはそれを言葉でしっかりと意識して、自分の幸福感として認識してください。

図13　幸福感要素分析シートの作成例

●あなたにとって生き甲斐とは	まだ、本当の生き甲斐を見つけていないかもしれない。多分、新しいこと、初めてすることを躊躇する傾向にあるからかと思う。だけど、自分の仲間に必要とされることは、とても嬉しい。
●あなたにとって経済とは	少し前は、沢山はいらないと思っていた。ある程度、我慢をしなくてよいくらいの生活レベルの経済力でよいとおもっていた。でも、将来を見据え余裕のある経済力を求めるように変わりつつある。
●あなたにとって健康とは	健康は精神的にも身体的にもとても大切。 体調不良で退職した。なぜなら、家族が心配するから。家族には、余計な心配をかけたくない。

●そう考えた理由
自分ひとりのことの様で、家族や他人のことも考えなくてはならないと思っていることが改めてわかった。

ダイエットの知識・習慣を身に着け5年後は今よりも体重を 10kg 落とし維持している。

今の仕事・ビジネスを発展させ、楽しみながら仕事をして5年後の年収を 2000 万円にしている。8000 万円のマンションを購入している。

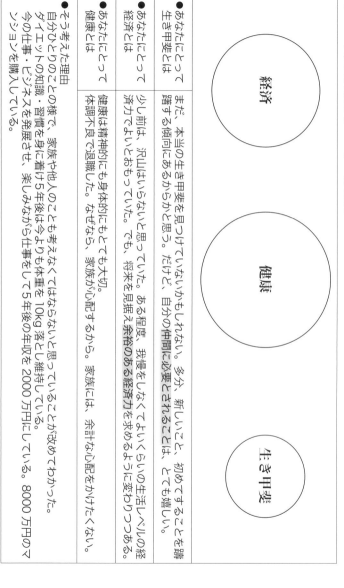

つまり、自分がワクワクすることとして最初に意識した幸福の要素を、あらためて自分で言語化して再認識するのです。

そうやって、自分の強みを形作る源泉となる要素を知ることはとても大事です。健康になりたいという目的に自分の強みを投入する。自分が生きがいとしたいものに強みを投入する。また、自分が経済的なものを得たいというところで強みを活かしていく……ということです。

自分が幸福になりたいという思う要素は、行動を後押しする強力なモチベーションになります。ぜひこのシートを活用して、自身の強みを見つめ直してみてください。

③「目標実現チャート」 5年後に到達する最終目標を記したシート

最後のツールは、あなたが5年後に到達する最終目標を記した「目標実現チャート」です（図14）。

真ん中に達成したい目標を入れて、自分が人生の中で「できること」「したいこと」「す

図 14　目標実現チャート

※ 1：5 年後までに自分が実現したいライフスタイル、経済状態（収入など）趣味、人間関係（家族など)、働き方などの目標・目的を記載してください。
※ 2：その目標・目的を達成するために最も効果的で、最も価値があり、最も生産的なことを (1) ～ (3) に書いてください。
※ 3：さらに (1) ～ (3) を実現するために最も効果的で最も生産的で最も価値がある実行すべきことをそれぞれ 3 つずつ記入してください。

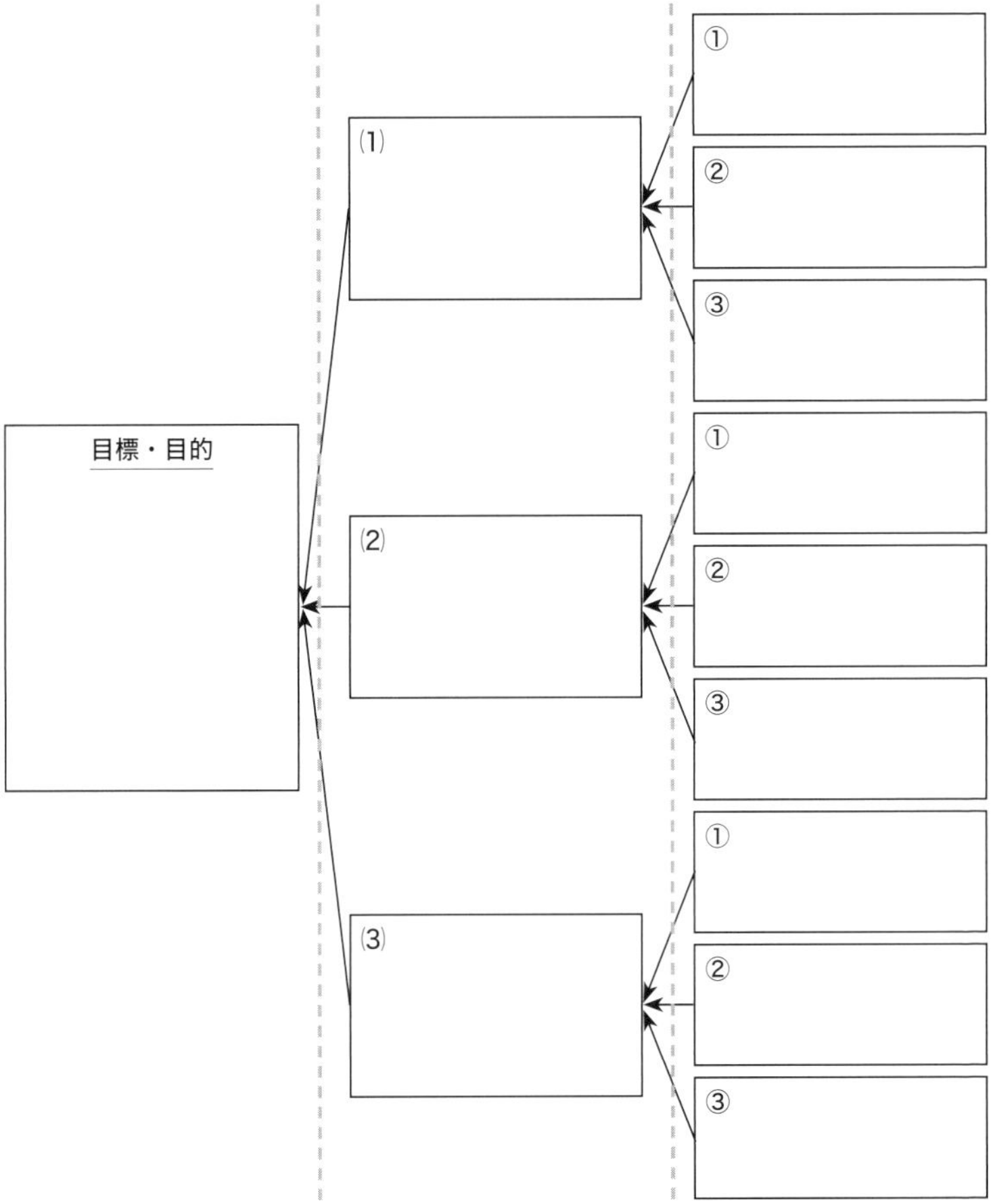

著者作成

べきこと」をそれぞれ明快に書いていきます。

5年後にあなたが「したいこと」。そのために、これから「すべきこと」があり、あなたの「できること」をより高めながら実践してもらいたいと思います。

この「目標実現チャート」をベースにして、これをもとに、具体的な行動に移していってください。自分の強みを活かしてできること、したいこと、そしてそのためにすべきことを明確化していくわけです。

以上の①～③の3つのツールをうまくつなげて、あなたが描く5年後の自分をぜひ実現させてください。目標達成・願望成就のために活用すべきツールとして、ぜひ役立ててもらいたいと思います。

目標達成のための6つのプロセスと、自身の強みを知るための3つのツール。これらを有効に活用することで、あなたが抱く願望に、確実に近づいていくことができると確信しています。

第6章

小川式「工程管理変革プログラム」の実践例

case study ①

「人生を変える選択をしました」

喜納様〈沖縄県・建設コンサルタント会社勤務〉

私の「工程管理変革プログラム」で、人生が変わるほどの成果を上げた技術者がいます。沖縄の建設コンサルタント会社に所属する女性技術者・喜納さんです。

思えば、私がこのプログラムの効果が最初に確認できたのも、沖縄の地での業務。その意味でも私は沖縄に縁があるようで、喜納さんを知ったのは現地での講習会がきっかけでした。

喜納さんは、こんなふうに振り返ってくれました。

「最初は、自分の忙しい毎日や深夜残業は、業界特有の商習慣だと思っていました。しかし、小川さんと業務を進めるうちに、今までの時間に対する考え方、自分の時間の使い方、仕事のやり方に大きな間違いがあることがわかりました。自分にとって生産的でない時間の使い方をしていて、利益に直結しない仕事をしている時間の多さに愕然としたのです」

そして、私の「工程管理変革プログラム」を実践したところ、喜納さんの仕事の受注率は、3か月後にはそれまでの2倍に増加。4件だった受注が9件に増えたのです。

会社としても、約4億円の売上増です。もちろん、会社の経営はかなり楽になりますし、協力会社からとても感謝されたそうです。私自身、喜納さんの会社との仕事の打ち上げで、社内の皆さんからとても喜ばれたのは印象的でした。

喜納さんご自身が社内の受注目標を大きく上回り、臨時ボーナスが支給されるなど、収入の面でもうれしい結果がもたらされたのが何よりでした。

「今までの、自分の時間に対する考え方や、仕事のやり方に対する常識が間違っていたことに気づかせていただきました。いかにムダなことをしている時間の多かったことか。ぜひ、ほかの部署の同僚にも小川さんを紹介したいと思います。そうすれば会社全体が良くなると思います」

case study ②

生産性に対する考え方が１８０度転換

石井様〈東京都・測量会社勤務〉

東京都内の測量会社に勤める石井さんは「工程管理変革プログラム」を実践した結果、ご自身の仕事を顧客からの高い評価につなげることができました。そして、発注者から一目置かれる存在になっています。以下、石井さんのコメントです。

「自分の生産性に対する考え方が１８０度くつがえりました。時間・気持ちに余裕ができ、仕事に対して前向きになり、発注者に対しても自信を持って意見を述べたり、提案できたり、クライアントと対等に仕事をしていると感じることができます。先日、打ち合わせで自分が作成した資料について、発注者から『さすが石井さん』と言われました。本当にうれしかったです。小川さんから得たノウハウで、発注者と良好な関係が築けるようになりました」

これは、石井さんが提出資料やマネジメントの中身や質について、お客さまが望んでいる以上のものを出したことに対する評価の表れです。顧客から「さすが」という言葉をもらえるのは、高い信頼と満足感を示すものでもあり、何よりうれしいことでしょう。

発注者は国であり、その言葉をかけてくれたのは事業の担当者ということになりますが、良い仕事を提供して築いた「良好な関係」によって、業務が終わった後の評価点もさらに高くなることが期待できます。

言うまでもなく、次の仕事の受注のしやすさにつながるわけです。

それまでの石井さんは生産性の定義が曖昧でした。生産性の定義とは「目標」です。今やっていることが、その目標にどうつながっているのか、それがご自身で不明確だったために、何を目的にした資料であるのかが相手の担当者に伝えきれていなかったのです。目標がなければ生産性は上がりません。例えば目標が金額的な成果であれば、それに向かうことで生産性は高まっていきます。つまりその金額を決めたら、そこにきちんと推移しているかをチェックして、途中で到達していなければ見直しを行う。それを繰り返すことで生産性が向上します。

生産性を高めることが、業務を受注するための重要なテーマになるという考え方が、従来の石井さんには欠けていたのです。

石井さんご自身が、それまでは会社に言われるままに目標や目的意識の希薄なままで仕事をしていたため、ストレスもたまるし、楽しくないわけです。半ば嫌々やるような、やらされる仕事はつまらないし、モチベーションも決して上がりません。

残業だって、上司に言われて仕方なく行っていますから、能率もまったく上がりません。やらされ仕事だと残業をしても何も考えずに漠然としているために、生産性は皆無になりがち。そんな毎日を石井さんご自身が送っていました。

それが、「工程管理変革プログラム」によって人生が変わるほどの衝撃を受けたそうです。

自分に自信がない。会社に怒られ、お客さまに怒られるから自信がない……そんな毎日を、考え方次第で一変することができます。自分の責任でそれを引き受けると思った時点から、変わるのです。

メンタルが変わると人生も変わります。そして、行動を正しいものにすることでメンタルは必ず変わります。前向きになるわけです。石井さんの場合も、このプログラムを導入することで、ご自身の意識が大きく変わっていったのです。

case study ③ 発注者に怒鳴られていた私が表彰を！

大野様〈長野県・建設コンサルタント会社勤務〉

大野さんは、お会いした第一印象は少し強面の方でしたが、話してみるとシャイで優しい技術者でした。

「工程管理変革プログラム」は、顧客との関係が最悪だった彼に、大きな価値を提供することになりました。「受注率50％を実現する技術提案書が作れるようになった」と喜んでもらえました。

該当の案件は測量業務で、場所は長野県の浅間山でした。噴火した浅間山の砂防工事をするために、土石流を砂防で止めるというプロジェクト。そのための測量業務を行うというものでした。

以下は、大野さんからいただいたコメントです。

「小川さんに研修と外注業務をお願いして、直接指導を受けました。最初は測量業務が遅延しがちで、工程が予定通り進まず、担当者から改善要請の電話があるほど問題がある状況でした。その後、小川さんの変革プログラムの実践指導を受け、一緒に工程管理の改善を図りました。その結果、業務完了検査で検査官から『ここまでやってくれたんだ！これは表彰対象になる』という高い評価をいただくまでの改善を実現することができたのです」

表彰の対象になるとは「思いも寄らない驚きだった」と大野さんはおっしゃいましたが、「工程管理変革プログラム」によってスケジュール管理表を徹底的に洗い直し、その通りの実践を厳しく管理したことで高い評価が得られることになったのです。

case study ④

初めて作った技術提案書の評価点が1位に！

Aさん〈測量会社勤務・入社15年〉

Aさんはとても優しい測量士で、すでに入社以来15年のキャリアがありましたが、それまで技術提案書を作成した経験がありませんでした。

しかし、国土交通省の測量業務をなんとか受注したいと考え、初めて技術提案書の作成に挑んだのです。まじめで勉強熱心な彼ですから、なんとかノウハウを取得しようと、私の講習を受けてくれました。

最初は不安だったAさんも、学びを深めるにつれて、中身が腑に落ちていき、表情も自信のあるものに変わっていきました。そして初めての挑戦であったにもかかわらず、提出した技術提案書の評価点が1位になったのです（図15）。

「工程管理変革プログラム」で学んだことを、自らの技術提案書の作成で実践したことの結果でした。

コンペに参加したのは、約10社の建設コンサルタントのチームです。豊富なキャリアや実績を持つほかのチームを後目に、トップの評価点を獲得したのは特筆に値します。

裏返せば、いかに従来の技術提案書が、何の目新しさもなく、旧態依然とした内容であるかの証拠でもあったと思います。Aさんの新しい切り口や提案がほかの古い提案書を超えたということで、私もとてもうれしい気持ちになりました。

第6章

図 15　Aさんの技術提案書の評価点

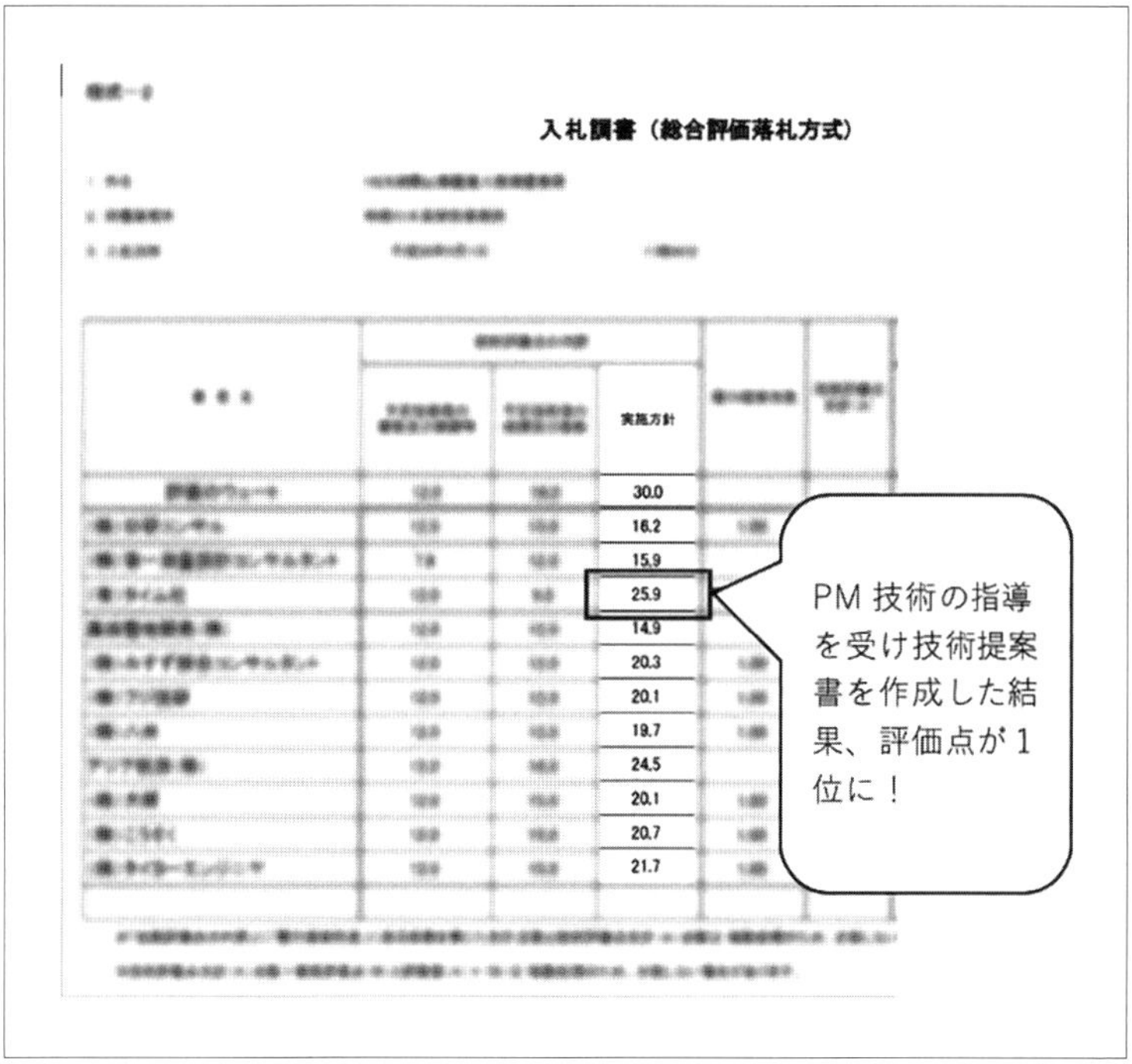

著者作成

case study ⑤

担当したプロジェクトが表彰対象に！

養田様〈東京都・建設コンサルタント会社勤務〉

このケーススタディも「工程管理変革プログラム」を反映させた結果、担当したプロジェクトが表彰対象になる、という成果を導いたものです。

プロジェクトの内容は、東京・豊島区池袋の某交差点において、活性炭素で自動車からの排気ガスを浄化する装置を設置し、その効果を評価するというものでした。

実は発注側にとっても初めてのプロジェクトで、浄化装置をどう評価するか、どのようなデータを集めて、どう測定するかといった方法から決める必要があり、いわば手探りの状態から始める難易度の高いものでした。

養田さんも案件を受注後、最初はなかなかうまくいかず、発注者から叱責を受ける毎日で、精神的にも疲弊していました。

このときの発注者はかんしゃく持ちで、平気で相手を怒鳴るような国交省の役人だったのも不運でした。養田さんはかなり参っていて、私のところに相談に来られたのです。

「評価点も10点くらい下げられて、もう次の仕事が取れないレベルです……」という弱音がこぼれるような状況でした。そこで私がお手伝いすることになって、まずは「お客さまが何を求めているかをきちんと聞きましょう」という基本的なことから始めたのです。

実は、プロジェクトの内容や、技術提案書に点数をつけるうえで重視する項目などは、自治体などのホームページで明快に開示されています。つまり、評価点を上げるための手がかりは、提案する側も知ることができるわけです。

公表されているから実は誰でも把握できるのに、それをやっていないのが実情です。これはどの建設コンサルタントにも共通するもので、「相手の求めているものは何か」という発想がないからです。そのため、開示されている項目が、技術提案書を作成するときの解答につながるという考えが思い浮かばないのです。

また、優れた技術提案書を作るには、担当者とのヒアリングの中で、相手が求めていることが何かを把握していくよう努めることも欠かせません。

こうしたことを当たり前にこなせてこそ、技術提案書のクオリティを上げ、業務の質を向上させることになる、という事実を知ってもらいたいと思います。

業務内容の点数評価が78点以上になると、優良技術者表彰の対象になります。これらの発想のもと、技術提案書の質を上げていき、業務完了検査で検査官から「ここまでやってくれたので、表彰対象になる」という高い評価をもらうことができたのでした。

土木建設工事にマーケティングの考え方を入れる

私は土木建設業界に長くいますが、建設コンサルタントの世界で、いつも感じる疑問がありります。

次の一文は、ある用語を説明した、辞書の1項目ですが、いったい何の用語を説明したものでしょうか?

「組織が行うあらゆる活動のうち、『顧客が真に求める商品やサービスを作り、その情報を届け、顧客がその価値を効果的に得られるようにする』ための概念。また顧客のニーズを解明し、顧客価値を生み出すための戦略、仕組み、プロセスを指す」

答えは「マーケティング」です。

要は「お客さまが求めているものを把握し、それに応えるために活動すること」が、マーケティングの意味するところなのです。

これは、顧客や消費者など相手のある商売やビジネスをしている人であれば、ごく当たり前の概念・考え方です。ところが、土木建設業界においては、この概念が決定的に欠落していると常々感じてきたのです。

土木建設業界には「マーケティング」という言葉自体が嫌悪されているような状況もあり、不思議に思っていました。「お客さまが求めているものを把握し、それに応えるために活動する」、もっと短くまとめると「お客さまの思いに応える」ということです。

マーケティングとは、すなわち「顧客の思いに応えること」。これがマーケティングの本質だと私は考えていますが、土木建設業界では、この概念が決定的に欠落しているのです。

顧客が何を欲し、何を期待しているかを知ることが重要

当然ながら、顧客の思いに応えるには、顧客が何を欲して、何を期待しているかを知ら

なければ始まりません。

私の「工程管理変革プログラム」の本質は、まさにここにあります。「お客さまの思いに応える」ために「お客さまの思いがどこにあるかを知ること」。それをさまざまな形にして、実践するためのプログラムなのです。

私のプログラムをこのように定義づけするうえで、欠かすことのできない事柄があります。マーケティングの前提にもなるものですが、それが「人は感じる生き物である」ということです。発注者側である担当者が、何を感じて、どうして欲しいと思っているのか。まさに「思いを汲み取る」その術を身につけることが、プロジェクトを受注できるか否かの分かれ目です。

「工程管理変革プログラム」の成功者の皆さんは、まさにそのことを実践し、それをカタチにして担当者に示すことで自らの評価を上げた方ばかりです。

技術提案書を見て相手がどう思うかというところまでをイメージしながら、中身を吟味して作り上げた提案書であり、業務報告書なのです。

どうすれば案件の受注につながるのか？

相手の担当者、つまり発注者が何を求めているかを、いかに汲み取ることができるか。その作業そのものが、マーケティングです。

「気持ちを汲み取るなんて、心理学を勉強しているわけでもないんだから、ムリだよ」なんて言っているあなた。そんなことはありません。

そして、ぜひ心理学を学びましょう、などと言うつもりもありません。

相手が何を求めているのか、期待しているのか。誰でも簡単に把握できる方法がありま す。

何も難しいことではありません。プロジェクトの打ち合わせのときに、発注者に聞けばいいのです。担当者との打ち合わせというのは本来、相手の悩みや求めていることが何かを聞く場であるはずです。

「何を期待していますか？」とストレートに聞いてもいいですし、少し話を遠回りさせながら、質問をしてもいいでしょう。

相手に要望を聞かない人、質問をぶつけない人が、この業界には本当に多いのです。

マーケティングという概念がないから、そういう発想が湧かないのかもしれません。

「悩みや課題は何ですか？」と率直に質問してみる

例えば、あなたが仕事を発注する側だとしたら、どのような業者に依頼したいですか。きっと、あなた自身の仕事ができるだけ円滑に進むようなサポートをしてくれる業者に依頼したい、と思うのではありませんか？

ですから私は、自治体の担当者とのヒアリングで単刀直入に聞きます。

「今、○○さんが抱えている悩みは何ですか？」

「ほかのコンサルタントさんが、何か問題やトラブルを起こしていませんか？」

直面している悩みや課題、困り事や改善したい事柄……それを聞き出すことができれば、もうあなたの技術提案書はAランクの評価が約束されたようなものでしょう。

悩みを汲み取ったら、解決のための提案を次の打ち合わせまでに考えます。

そして全部は示さずに、少しヒントになるようなことだけ会話の中で小出しにします。それを聞かせれば、きっと相手は喜びます。期待を抱かせ、次の仕事のチャンスを得られる可能性は一気に高まるはずです。

第6章

自分（担当者）のことをよくわかってくれている。頼りになる。話ができる。こういう印象を与えることができれば、もう他社を出し抜いたと同じなのです。

発注側の担当者は、とにかく「自分がミスをしたくない」と考えています。ミスは出世に響くからです。だから、自分のミスにつながらないようなプランや提案は、とても喜んで評価してくれます。

多くの技術者が失敗するのは「私の技術にはこんな独自性があります」「これまで培った、こんなに素晴らしいスキルがあります」といった、自分目線でのアピールに終始してしまうことです。

誰だって、自分以外の人間には実はあまり興味はありません。ましてや自治体の担当者は、あなた自身の技術やスキルに対して、これっぽっちも興味はないのです。いくらそれをひけらかして自慢しても、時間と労力のムダ遣いです。

興味があるのは、その素晴らしい技術を使って「私をどのように助けてくれるのですか？」という、自分自身がいかに楽になるか、ということなのです。

役人の嫌なことや心配事をいかに解決できるか

役所の人は、自分の出世や立場を上げていくことにかなり執着があるものです。だから担当者が気にしているのは、集約すれば、まさにそこだけ。プロジェクト全体の効率性などの評価は二の次のこともあります。

ですから、評価を下す担当者の人が何を求めているのか。それを打ち合わせやミーティングでしっかりヒアリングし、それを汲み取って提案書に反映させる。それが技術評価点のアップに大きく貢献することになるのです。

もうひとつ、彼らが気にしているのは苦情です。住民や周囲からの評価であり、その表れがクレームであるため、すごくナーバスです。住民から苦情が上がってくることを一番嫌います。

ですから、例えば「我々が受注したら、地域の住民から苦情が上がらないような対策を講じます」などと書いておく。そうすると安心して「この会社に任せればいい」という気になります。

そんなふうに、自己主張はほどほどに、それよりも「相手がどう考えるか」という視点に常に立って、技術提案書を作っていくことが重要なのです。

「人間は感じる生き物である」。

それが私の考えるマーケティングの本質です。だからこそ、担当者の心配を、安心に変えていける提案が絶対的に必要です。自分の評価が上がる提案ではなく、相手の担当者の評価が上がるような提案を具体化させていきましょう。

第7章

自分の名前が刻まれた橋を残そう

評価には「会社評価」と「自己評価」がある

①「会社評価」は点数が上がる、給料が上がる、表彰される
②「自己評価」は自信がつく、限界がなくなる、影響力が出る

会社の評価が上がれば、会社からの自分の評価も上がる、というふうに、会社評価と自己評価は密接に連動しています。

つまり、両方を同じように高めることが大事です。クライアントからの会社評価が上がることは売上に結びつくため大事ですし、自己評価は、会社からの給与を増やす意味で言うまでもなく重要です。

サラリーマンだったら、会社からの評価が高くなければ給料は上がりませんし、会社の評価が高くなければそもそも会社にお金が入ってきません。そのためにはクライアントからの評価を上げて、売上を伸ばさなければならないのです。

ちなみに私は、その両方を実行することができたわけです。

思わず放った一言。「社員みんなの給与を戻してほしい」

私は2014年の2月から「工程管理変革プログラム」のメソッドを始めて、同じ年の8月までの半年間で、12のプロジェクトを一気に受注しました。3億円の受注という、周囲のみんなが驚く実績を残したため、私は当然「給料を上げてほしい」と考えました。

そもそも、自分の収入を上げて、多くの報酬を手にして、生活のグレードを上げたいと考えたのが、自分の目標設定です。ですから、当然のように「給与を上げてください」、そう申し出るつもりだったのです。

ところが、ふと頭をよぎったのが上司やほかの社員のことでした。

ちょうど会社の業績が落ちていましたから、特に私の直属の上司など年俸制の人は報酬が下がって大変だったようです。

上司からは「子どもの教育費がかさむので、どうしよう……」と暗い顔で愚痴を聞かされていました。

もちろん、自分の給与を上げてほしいのが本音だったのですが、そんな姿を見るにつれ、私は格好をつけて「ほかの社員の給料をまずは戻してほしい」と社長に進言してしまったのです。

結果的に、社員みんなの給料が元に戻って、ずいぶん感謝されました。私も年間100万円単位で月給が下がっていたのが、無事に戻ることにはなりましたが……。

ただ、当初の目標であった、自分の給与を上げるという点では、叶うことはなかったのです。

でも、その経験を通じて、自分の収入を上げていく方法はわかりました。自分の仕事における実績の作り方です。顧客からの受注を増やし、売上を上げる方法は会得したつもりでしたから、それを実践すれば、いつでも給料は上げられる、という確かな思いができあがっていたのです。

「工程管理変革プログラム」を、自身の確かなノウハウとして確立できたという確信が芽生えていたのでした。

低評価から一転して会社のヒーローに

このやり方を社員一人ひとりが実践すれば、もしくは会社のノウハウとして位置づけていけば、間違いなく業績は上がります。社員一人ひとりが自分の幸せな人生を見つけることで、会社自体も間違いなく良くなるのです。

強い会社になり、会社にとっての本当の力がつく。生産性が上がり、ムダな残業がなくなり、社員個々が自分の人生の自己実現を図ることができます。


私自身、半年で3億円を売り上げた当時は、社員であり1プレイヤーという立場でもあったことから、自分のやり方や考え方、ノウハウといったものをほかの社員に十分に伝えることができませんでした。

けれども、当時の部下には「私がやっていることを真似しなさい」とアドバイスしました。私の直属の部下は30代半ばの優秀な社員で、私の言うことを理解して協力的に動いてくれ、それによって私の実績も上げることができました。

しかし、このノウハウを会社全体に広げることはできなかったのです。

私は自分の「やるべきこと」に集中して、つまり、売上を上げて利益を出すことだけを考えて、例えば会社に行かずにホテルにこもって提案書を作成することもありました。

会社にいると、ほかの余計な雑務に煩わされたり、電話にだって出なければなりません。

私は自分の決めたプログラムを実践することだけに注力し、そのことによって数字も上げることができたのです。

最初は、社長はもちろん周囲の社員の中にも「小川は何をしているんだ」と文句を言う人はいました。でも、最初だけです。会社に利益をもたらし、社員の下がった給与を元に戻したのですから、一転して会社のヒーローに祭り上げられたのです。

仕事の報酬は「仕事」であるべき

「仕事の報酬は仕事」とは、盛田昭夫氏とともにソニー創業者の一人である井深大氏の言葉です。

仕事の報酬は、金でも地位でも名誉でもない。いい仕事をすれば、引き続きいい仕事、面白い仕事、自分のやりたい仕事が回ってくる。それが何よりの報酬であるという意味で、今もビジネスのさまざまな機会で引用され、仕事をしていくうえでの指針として使われています。

目の前の仕事を大切に進めていくことで、さらに面白い仕事や、やりがいのある仕事を得られていく……という意味でもあるでしょう。

つまり、目の前のことの一つひとつに誠実に取り組むことで、自分の成長や周りの評価も高められ、大きなチャンスをつかむことができます、そして、さらなる成長へとつながっていくわけです。

私の場合は、それまで目の前の仕事にまじめに取り組んではきましたが、そのモチベーションに大きな誤りがありました。そもそもモチベーションの設定さえまったくできていなかったのです。

それは何度も述べてきたように、すべての始まりは「目標設定」であり、「締切りの設定」なのです。これが、私の説く「工程管理変革プログラム」を進めるうえでのモチベーションです。

「仕事の報酬は仕事」と井深氏は言いましたが、私に言わせれば「仕事の報酬は目標達成」であり、自分自身の願望成就なのです。

創業時のソニーも良い例ですが、今は小さな企業であっても、実力と運が良ければ飛躍的な成長を遂げる可能性は大いにあります。

そのために、あなたの「目標」や「願望」を、あなたが求める仕事の成果として、心に強く刻み込んでください。

それが、本当の成功へと導く、強力な道標になると思います。

第7章

経営者はまず自分の残業をゼロにしよう

あなたが会社の経営者なら、少し注意してオフィスを見てみてください。

上司が残業していると、必ずといっていいほど、部下も残業しています。帰りにくいのもそうですし、帰らない上司も少なくありません。

また、中小企業の社長も自分で手を動かしている人は、自ら残業しています。

そんなとき、社長は覚悟が必要です。

あなたが社長なら、まず自分のことをクビにしてください。プレイヤーとしての自分をクビにするのです。

そして、経営者は会社に行かないでください。いたら邪魔なだけです。

働いている人は、社長がそこにいるかいないか、なんてあまり関係ありません。現場を仕切るマネジャークラスがそこにいればいいのです。

もしも、自分がプレイヤーになってしまっている社長がいたら、そこはすぐに切り離すことを考えてください。

自分がプレイヤーでいるから、社員に文句のひとつも言いたくなるのです。だから、プレイヤーとしての自分をクビにしてしまえば、経営者だけの自分になります。そして、経営者としてのあなたが「やるべきこと」に集中してください。そうすることで、会社は必ずうまく回り始めます。

経営者自身のやるべきことを見定めるための目標設定が、絶対に必要なのです。自分に必要のないもの、やらなくていいものは部下にどんどん任せればいい。そして、まずは自分の残業をゼロにしてください。

社長自身も「やるべきこと・やらないこと」を明確にして、今すぐ実践してもらいたいと思います。

私が大切にしてきた3つのクレド

私は自分の目標を叶えるために、３つのクレドとして大事にしてきたことがあります。

この本で紹介した工程管理メソッドと併せて、ぜひ皆さんに実践してもらいたい３つの要素です。

①仕事がうまくいくイメージング
②自分との約束を守る
③自己鍛錬

仕事がうまくいくイメージング

これは文字通り、自分の仕事がうまくいったときのことをイメージすることの大切さです。夜寝る前など、明日のことだけではなく、1週間先まで「うまくいくこと」をイメージします。何かの問題があっても、クリアできるようなイメージです。

私の場合は、過去に仕事がうまくいった経験や成功した場面、運が良かったときのことをいつもイメージしました。

疲れたり、落ち込んだりしているときは、うまくいく自分をイメージするのはなかなか難しいものです。ですから、過去の自分の経験を「思い出す」のです。

これまでの、どんな小さなことでも構いません。仕事などでうまくいった経験は、ひとつやふたつはきっとあるでしょう。そのときのことを、頭の中でイメージするのです。過去に成功したことを思い出して、そのときのことをイメージする訓練をしていくわけです。仕事に関することでなくてもいいのです。

幼稚園のとき、初めて自転車に乗れるようになったこと。逆上がりが初めてできてうれしかったこと。がんばってテストでいい点が取れたことや、大学受験でも自動車の免許の試験でも、何でも構いません。何かの試験に合格したとき。クラスマッチや部活の試合で勝ったときなど、あなたにも必ず何かあると思います。

その成功体験、うまくいったことを頭の中にイメージしてください。それを、夜寝る前や朝起きたときに、毎日繰り返すといいのです。

それによって、脳がいいことをイメージしやすくなって、次第に自分のことを尊敬できる気持ちが出てきます。

自己イメージ（自分自身に対するイメージのこと。自身の状態や感情、評価、容姿などのことを指す。例えば、自分が怒りっぽい、太っている、など）は、実は毎日毎日アップデートされています。

つまり、意識的に成功を重ねていけば、自己イメージは「うまくいくイメージ」に変わっていきます。

成功体験といっても、大きな目標の達成経験のように、気合いを入れ過ぎる必要はありません。すぐにできる簡単なものでいいのです。

例えば、挨拶が苦手な人は、毎朝「おはよう！」と言うだけで立派な成功体験です。この小さな成功の積み重ねが、自己イメージの改善に役立つのです。

「昔はできなかったけど、今はできるようになったこと」を20個書き出す

私も決して成功体験の多いタイプではなかったので、何があるだろう？　と考えました。そして「昔はできなかったけど、今は簡単にできることって何だろう？」と自問自答しました。

あなたにもきっと、そのような事柄はあると思います。そして、ぜひ「生まれたときから、昔はできなかったけど、今は軽くできるようになった」ことを、20個書き出してみてください。

昔は自転車に乗れなかったけど、今はカンタン。昔は自動車の運転はできなかったけど、今はカンタン。昔は人としゃべれなかったけど、今はカンタンなど、思いつくまま、何で

も構いません。

ちなみに私は昔、先生が怖くて1人で職員室に行けない子どもでした。それを助けてくれたのが同じ小学校に通う友達でした。その友達が励まし続けてくれたおかげで、やがて1人でも職員室のドアを開けることができるようになったのです。

そうした出来事や事柄を20個書いているうちに意識が変わってきます。それによって自己肯定感が高まり、自信も湧いてくるのです。

最初は20個から始めて、次の日は1個増やしてください。もうひとつ思い出して、書き加えていくわけです。それを毎日繰り返し、毎日1個ずつ増やしていきながら、3週間にわたって書き続けてください。

この3週間続けるということが大切です。仮にネタが尽きてしまえば、無理に増やさなくても構いません。でも、それまで書いたことを言葉にして読みながら、その場面をイメージしてください。これがとても大事なのです。

こんなことを自分はやってきた、という自信が備わっていきます。

これは、人間の脳の素晴らしいチカラです。イメージし続けることによって、脳から同じような指令が発信されるようになるのです。

人間は、過去の経験が記憶として脳に刻まれていますから、それを呼び起こすことで、意識が明らかに変わっていきます。つまり、潜在意識に沈んでいた成功体験が呼び起こされ、「自分にもできる」というイメージが、普段の思考や行動を司る顕在意識へと湧き上がってくるのです。

それが自分の目標とリンクしていくことによって思いが現実化します。これは、誰でも可能な、人間の脳の素晴らしさなのです。

自分との約束を守る

スケジュールを立てるときも、ＴｏＤｏリストを作るときも、他人の決めた約束を守るのではなく、あくまでも自分の決めた約束を守ることが大切です。

それは、自分が決めた締切りです。自分との約束を守るために行動することが必要なのです。

人に言われたことではモチベーションが上がらないのは誰も同じでしょう。

私が自分の年収を10倍にしようと決めたのは、誰から言われたわけではありません。自分でこうしたいと願い、決めて、自分との約束をしたのです。ですから、心から守りたいと思ったし、自然と守るためのモチベーションも湧いてきました。

その約束は本当に強い意志を伴うものでした。

もしも自分との約束を守れそうにないと思っても、手を止めないことが大切です。

過去にこんなことがありました。打ち合わせが明日に迫っているのに資料の作成が十分でなく、時間と闘いながら必死に作成していたら、お客さまから連絡が入って「申し訳ない、都合が悪くなったから打ち合わせをリスケしてほしい」と言われました。

こうしたことはこれまでに多々あります。

守れそうにない状況になっても、とにかくあきらめずに手を動かしていれば、活路は開けるということです。

きっとそのときは、偶然で「助かった！」と思うでしょう。偶然の神様にお礼を言うかもしれません。でもこれは偶然のように見えても、偶然ではありません。そう今の私は強く感じるのです。

実際に資料作成が間に合わなかったとき。それでも、たとえ7割の出来でも提出すれば、そこから活路が開けるかもしれません。だから、ギリギリまでやり続ける。とにかく手を止めないということです。

この元になるものは、つまりは時間管理なのです。時間管理の誤りが、こうした「守れない」ということにつながります。

時間管理――それは「やるべきこと」「やらなくていいこと」の仕分けから始まるわけで、守れないことがもし出てきたら、まだその仕分けの中身が甘いのでは？　と考えてみることも必要かもしれません。

守れなければ、守れなかった原因を自分で割り出して把握すること、そして改善することが必要です。時間の見積もりが甘かったということですから、ぜひ時間管理の概念のところに立ち戻って、自分へのフィードバックを行いましょう。

守れなかったからといって、自分を責める必要はありません。

約束を守れるようになるための改善点、目標到達のために直すべきことを教えてもらえた、と考えればいいのです。もっと言うと、守れないことが続くようなら、目標設定の高さに無理があった、と考えたほうが良い場合もあるでしょう。

守れないことに直面するのは、決してマイナスばかりではないという思考に変えることも重要なのです。

自己鍛錬

最終的に、私の現在の自己鍛錬は「時間を守ること」といえます。

つまり、自分で決めたスケジュールを守ること。人生で最も効果のある自己鍛錬、これは自分自身の「時間管理」だと私は強く思っています。

あなたの場合はどうでしょうか。

自己鍛錬とは、自分を律することをやっているかどうかということ。自分を律することを、自己鍛錬と言うことができます。

自分を律して、出来事や事柄を上手にコントロールできているかどうか。それは、目標達成や願望成就のために必要な、自己トレーニングのひとつであり、それを叶えるためのエネルギーを養う術といえるかもしれません。

私は学生時代に剣道部に入っていましたが、これは自分でやりたいと思って始めた自己鍛錬ではありませんでした。

部活をどれかやることが学校の決まりであって、3つしかない部活（野球部と剣道部とテニス部）の中から仕方なく剣道を選びました。

ただし、後輩にレギュラーを取られてしまったことから、劣等感が部活のモチベーションになっていました。

自分がレギュラーに返り咲きたいという目標自体は前向きですが、突き詰めれば動機はややゆがんだマイナス要素のもの。こうしたことにガマンして取り組むというのも、自己鍛錬のひとつになるといえるのかもしれません。

ただ、エネルギーを同じ自己鍛錬に使うなら、プラスの要素で包み込んだほうが、はるかに自分の可能性を広げます。

多くのビジネスマンは、朝決まった時間に起きて、会社に行って定時まで仕事をしています。そのことだけでも、立派な自己鍛錬です。

ですから、学校生活でも部活でも会社でも何でも、人は必ず何らかの自己鍛錬を経験してきているわけですから、そう考えれば誰でも、目標達成が実現可能なエネルギーを備えているともいえるのです。

そこに、目標設定という明確な指針を与えると、それが、自分が本当に達成したいワクワクするものであれば、それまで培った自己鍛錬の力が大きなプラスのエネルギーに置き変わるでしょう。

ぜひ、あなた自身の自己鍛錬のエネルギーを、目標や願望成就に向かっていく力に変えてもらいたいと思います。

土木建設工事の最高の勲章は橋に名前が刻まれたとき

土木建設工事の最高勲章は何か、ご存知でしょうか？

それは、橋の設計者（＝管理技術者）が橋に名前を刻んでもらえることです。

国交省は、例えば技術者の評価を形に表すもののひとつとして、建築物に技術者の名前を刻む、ということをしています。例えば橋などに、普通に見てもわからない下のほうに小さく、人の名前が刻まれているのです。

橋を作った技術者はそのことを知っていますから、自分の息子を連れていき、「ほら、お父さんの名前が書いてあるだろ」なんて自慢するわけです。

技術者のレベルアップやモチベーションを高めてもらうことに寄与するために、国交省が主導して、こうしたことを行っているわけです。

橋の寿命は100年くらいですから、設計者が亡くなった後も、その名は街の歴史に刻まれることになります。

設計者にとっては、確かにこれ以上の名誉はありません。

ほとんどのサラリーマンやOLは、会社を支える1人の構成員として仕事をしていますが、設計者はゼロから1を作る仕事柄、このような名誉ある勲章をいただくことができるのです。

私の印象に残る映画に『ロッキー』シリーズがあります。『ロッキー3』で世界チャンピオンになったロッキーは、地元「フィラデルフィアの星」として銅像を建てられ、街の人たちから称えられました。これは古今東西、世界共通の名誉ある人への称え方です。

世界チャンピオンだった宿敵アポロ・クリードから試合を持ちかけられたとき、三流ボクサーだったロッキーは「やる」と決断しました。

人生で一度しかないチャンスが巡ってきたときに「やる」という道を選んだからこそ、彼は未来のチャンプになれたのです。

あなたが「今日から残業ゼロを始める」と決めた瞬間から、新しい人生が始まります。働いている人の全員が橋に名前を刻めるわけではありませんが、あなたが誇りを持って仕事をしている限り、心の中の「定礎」に名前を刻むことはできるのです。

本来「残業ゼロ」が意味するもの

「残業ゼロ」というのは、定時以外で一切仕事をするな、ということを言いたいのではありません。残業は悪だから、すべきではないという意味でも決してありません。

自分の目標を設定して、それに向かうために仕事をしていたら、それは嫌々やるものではなく、自分から前向きにできるものです。そういう仕事は楽しく、ワクワクするもの。目標に向かい、その目標を達成したときのことをイメージするから、仕事はやらされるものではなくなるのです。

そもそも、経営者自身には残業という概念がありません。

その意味でいえば、「残業=やらされている仕事だからこそ生じるもの」。仕事を嫌々やっているから、定時を過ぎたら「残業」となって、自分にとって当たり前ではない「特別な時間」であり、「労働」という位置づけになってしまうのです。

「残業をゼロにしよう」というのは、「やらされ仕事をゼロにしよう」ということでもあるのです。あなたにとって、やらなくてもいい仕事をゼロにしましょう、という意味でもあるわけです。

もちろん、従来の意味での、単に労働時間が減るという「残業ゼロ」も、「自分のやらなくてもいい仕事をゼロにすることで、新たな時間的余裕が生まれた」という効果のほうに、目を向けるべきなのです。

新たに生まれた時間的余裕に、自分が目標達成に向けて「やらなければならないこと」を入れていけばいいのです。

その結果、1日の活動がすべて「やらなければならないこと」で埋め尽くされます。

そうなると、もうあなたの目標達成までのカウントダウンは始まったようなものです。

つまり残業ゼロとは、自分にとって「やらなくてもいいことをやってしまっている時間」をゼロにすることであると、強く自覚してもらいたいと思います。

生産性を上げるために、やらないことを決めてそれを排除すれば、本当の意味で、結果的に残業はゼロになります。それが本当の意味での「残業ゼロ」です。

残業ゼロであなたの人生に大変革を！

私はお客さま方に「自分自身を尊敬する気持ち」を持ってもらう手助けをしたいと考えています。

自分のことを、自分が尊敬できる人になってもらうためのヒントやアドバイスを授けることができれば、こんなにうれしいことはありません。

自分を尊敬する気持ちができたときにこそ、確固たる自信が持てるからです。

これは、自分のことを好き、という感覚とはまた違うものです。自分のことを好きな人はたくさんいます。でも、尊敬できるかどうか、となるとちょっと違います。多くの人は、なかなかそんな思いを持てないのが普通なのです。

自分がどれだけ失敗しても、また自分以外のすべての人が自分の敵になったとしても、自分は自分のことを尊敬できる、という強い気持ちです。

また、さらに極端なことを言えば、もしも自分が死刑囚になったとしても、自分のことを尊敬できる、死ぬときまで自分のことを尊敬できる。そんな自分になるためのお手伝い

第7章

を、ぜひしたいと思うのです。

え!?　そんなのムリ！　と思うかもしれません。でも、そう思う人はなおさら、本書で紹介したさまざまなメソッドを、ぜひご自身で実践してみてください。

そのことによって、物理的な残業をゼロにする、そして自身のやるべきことを行うための時間管理を進め、その結果として自分の目標を達成できるのです。

さらに、自分の人生に変革を起こすことができます。それが、自分自身を尊敬できるという心の境地なのです。

この本で紹介したメソッドを実践して、自らの目標に到達したあなたは、必ずやそうした境地に達しているはずです。

そして、あなた自身の人生におけるさまざまな認知能力が上がります。日々の思考や行動が、過去の成功体験の記憶とつながりやすくなり、今回も成功できると思えるようになります。普段の何気ないことも自身の成功へのヒントになり、目標を達成しやすくなるのです。

そのための第一歩として、とても目に見えやすい最初のアクションとして、まずは「残業をゼロにする」ことから始めてみてください。

あなた自身の仕事や生活、人生に「目標」を設定し、それに「締切り」という時間的制約を加え、「やるべきこと」「やらないこと」の仕分をして、タイムマネジメントとともに実践していくのです。

そのことによって、あなたの行動に「生産性」という概念が植え付けられ、その結果のひとつとして「残業ゼロ」が実現できます。さらにその先に、目標達成による、あなたの「願望成就」が待っているのです。


目指す目標に到達するために、自分がやるべきことを明確にして、そのためだけに時間を使う。つまり、自分にとって必要のない仕事や行動＝残業をゼロにすることから始めてもらいたいのです。そのためのメソッドを本書でできるだけご紹介しました。

そして最終的にたどり着く、自身のことを真に尊敬できる自分を作ること。あなたの人生を彩るシチュエーションや行動の中で、この心の境地は必ず生きていきます。

ぜひ、自分を心の底から尊敬できる強い意志を得て、人生に変革を起こしてください。そして、人生のさらなる高みを目指してもらいたいと思います。

おわりに

最後まで読んでくださり、ありがとうございました。

この本を企画した当時、私は会社を設立して5年が経った頃でした。

設立当初の社員は私1人です。はじめから顧客がいたわけではありません。私にアドバイスし、後押しをしてくれた方はいましたが、この本に書いた実践方法を知っている人は非常に少なく、現実的には〝一匹狼〟の状態でした。

この5年の短い期間にいろいろなことが起こりました。非常に多くのプロジェクトに携わり、何億円もお金を稼ぎましたが、キャッシュフローの問題が起きたり、ビジネスパートナーや顧客を失ったこともありました。

それでも毎年顧客は幾何級数的に増え、売上も2倍、4倍、6倍と増え、仕事量も同様に増えていきました。現在は土木分野だけでも常に20件以上のプロジェクトに携わっています。

プロジェクトの契約料はまちまちですが、平均すると１０００万円程度です。これらのプロジェクトを私ともう１人の社員の２人だけで担当しています。

５年間のうちに成果を出せたのは、本書でお伝えしてきたプロジェクト・マネジメント技術（ＰＭ技術＝本書の中で「工程管理変革プログラム」としてお伝えしたものです）があったからです。

ＰＭ技術は、あなたが成功・成果を出すためにあなた自身の７項目、すなわち

①将来像（ヴィジョン）
②競争優位性（強み）
③強いメンタル（パッション）
④資源（リソース）
⑤協力体制（協力者）
⑥並外れた戦略（ストロング・ストラテジー）
⑦行動計画（アクションプラン）

を管理し、パフォーマンスを最大化する技術です。

それをこの5年間、私は自分の会社「株式会社川越コンサルタント」で実践してきました。そして、かつての自分が打ち立てた目標である「年収を10倍にする」を達成できました。

現在、私の会社では法定労働時間は守っていますが、決まった休みを決めていません。好きなところで好きなときに働き、好きなときに休んでいます。毎年、複数回の海外旅行に行き、移動はファーストクラス、ホテルはスイートを予約しています。

誤解がないように言っておきますが、これは自慢ではありませんし、私には自慢する必要もありません。たとえ経済的に余裕があるからといって、必ずしも海外旅行に行かなくてもいいし、ファーストクラスに乗らなくてもいいのです。ただ、選択肢が増えたということを伝えたいのです。

PM技術は業務執行技術、工程管理技術、提案・改善技術、迅速性・弾力性・調整技術、コミュニケーション技術、取組姿勢を変革する技術です。

PM技術は直にあなたの時間、能力、パフォーマンス、成果に影響を与える技術であり、その結果、あなたのパートナー、家族、友人、あなたの所属する会社・組織に影響を与えるのです。

ＰＭ技術でまず目指すのは、プロフェッショナルになることです。

しかし、それは仕事のプロではありません。まず人間のプロフェッショナルになることを目指します。本来、人間が持っている能力を最大限に活用するプロになること。そうすれば、はるかに早く仕事のプロになれるのです。

自信は特別な経験や苦労をしなければ得られないものではありません。苦しい修行をする必要もありませんし、悟りを開く必要もありません。

自信は自分で作れるものです。人間は自分自身を尊敬することができます。どのような立場でも、どのような状態でもです。


私は長年、ビジネスにおいて技術者として過ごしてきましたが、本来は人に貢献できる科学者でありたいと思ってきました。

この本に書いたメソッドは、自ら実践し、その効果を確認したものです。その一部は学術団体（公益社団法人土木学会、公益社団法人日本技術士会、一般社団法人プロジェクトマネジメント学会）で、稚拙ながら論文発表させていただきました。

私はＰＭ技術を実践する中で、その基本原理は人間の進化に関わるものと常に感じています。ですから、これまで稼いできたお金をＰＭ技術の研究に投資し、さらに発展させていきます。

もし、あなたが本書を手に入れたのなら、それはあなたの脳がこの本に反応し引き寄せたのです。私がかつてそうしたように。

この本に書かれたメソッドには新技術や革新的な技術など一切ありませんし、目新しいものなどないと感じられるかもしれません。ＰＭ技術として大事なのは「メソッドを実践するか、しないか」なのです。

やるか、やらないかで大きな違いが出てきます。本書のメソッドを通じて、読者の皆さんの人生がより良い方向に変革することを心から願っています。

最後に、この一言を送らせてください。

〝あなたの人生に変革を〟

２０２０年８月

小川哲也

●著者プロフィール

小川哲也（おがわ・てつや）

株式会社川越コンサルタント代表取締役
工程管理コンサルタント（建設コンサルタント）

1966年、愛知県名古屋市生まれ。明星大学卒業後、医療機器メーカーに就職するが、部署の統廃合により半年でリストラされる。

土木建設コンサルタント会社に入社。50歳を目前に控えた2012年、独学でイメージトレーニングとマーケティングを学ぶ。さらに、それらをプロジェクト・マネジメントと融合させ、独自の技術として体系化させた。

プロジェクト・マネジメント技術の実践で「自己啓発セミナーの販売会社」を企業内起業。起業後半年で、勤務していた会社の経営を再生させる。さらに、残業が当たり前だった同社の労働環境を、定時退社できる環境に変えた。

2015年に退職後、株式会社川越コンサルタント設立。「工程管理メソッド」を活用したコンサルティングは評判を呼び、建設業界のみならず日本中の会社から問い合わせが殺到している。

企画協力　株式会社天才工場　吉田　浩
編集協力　廣田祥吾　栗栖直樹
組　　版　GALLAP
装　　幀　株式会社クリエイティブ・コンセプト

超プロの工程管理コンサルタントが教える

残業ゼロ社員の「やらない力」

2020年9月25日　第1刷発行

著　者　小川　哲也
発行者　山中　洋二
発　行　合同フォレスト株式会社
郵便番号 101-0051
東京都千代田区神田神保町 1-44
電話 03（3291）5200　FAX 03（3294）3509
振替 00170-4-324578
ホームページ　https://www.godo-forest.co.jp
発　売　合同出版株式会社
郵便番号 101-0051
東京都千代田区神田神保町 1-44
電話 03（3294）3506　FAX 03（3294）3509
印刷・製本　新灯印刷株式会社

ISBN 978-4-7726-6171-3　NDC 366　188×130